화엄경 독경본

4

화엄경 독경본 4

정행품 ~ 범행품

실차난타 한역 · 관허 수진 번역

온주사

봄 타고 화장세계 나들이

봄이 왔네요.
산자락 언덕에도 후미진 실계곡에도 봄이 왔네요.
얼음 사이 미소 띠고 흐르는 저 작은 목소리
버들강아지 눈개비 다칠라 숨죽여 흐르는 저 은빛 물소리
진정 봄이 왔나보다.
그래
내 마음에도 모든 사람들의 마음에도 화사한
봄이 왔으면 좋겠다.
영세에 사라지지 않는 봄이 왔으면 말이다.
봄
생각만 해도 가슴 여미는 계절이지요.
이 봄 따라 봄나들이 어떻습니까.
뒷동산 산자락 실계곡 아지랑이 따라
화엄경을 타고 화엄의 세상으로
수많은 진리의 꽃으로 장엄한 부처님 최초의 노래
화장세계 그 속으로 말입니다.

우리의 마음은 화가와 같다고 하였던가요.
하얀 종이 위에 화엄의 그림을
그려 보시지요.
내가 누구인가 자유롭게 그려 보시지요.

우납이 역주한『청량국사 화엄경소초』제9권에 화엄전기를 인용하여 말하기를,
수나라 혜오 스님은 매일같이 화엄경을 독송한 공덕으로 산신의 공양청을 받았고
일천 명 나한의 최고 상석에 자리하셨으며,
번현지樊玄智는 두순의 제자로 매일같이 화엄경을 독송하여 입안에 백과의 사리를
얻었고,
혜우 스님은 지엄의 제자로 매일같이 밤마다 향을 사르고 여래출현품을 독송함에
황금색신의 열 보살이 광명을 놓고 연꽃자리에 앉아 있다가 홀연히 사라지는 모습을
보았으며,
혹은 화엄경을 독송하고 서사함에 한겨울에도 접시꽃이 예쁘게 피어났고 상서로운
새들이 꽃을 물고 왔다 하였으며,
왕명관은 사구게송만 독송하고도 지옥에서 헤어나 인도에 환생하였다 하였으니
그 화엄경을 독송한 가피와 공덕은 이루 다 말할 수가 없습니다.

어떻습니까.
이 상서와 가피를 가슴에 그리며 봄나래 타고 화장세계 속으로 나와 모든 사람들이
평온으로 웃는 그날까지 여행을 떠나 보지 않으시겠습니까.
이 화엄경 독경본은 화장세계 여행 그 나들이를 위하여 세상에 나온 것입니다.

2022년 3월 6일
승학산 화장원에서 관허

6

정행품

그때에 지수보살이 문수사리보살에게 물어 말하기를

불자여, 보살이 어떻게 허물이 없는 신·어·의 업을 얻으며

어떻게 해치지 않는 신·어·의 업을 얻으며

어떻게 가히 훼손할 수 없는 신·어·의 업을 얻으며

어떻게 가히 무너뜨릴 수 없는 신·어·의 업을 얻으며

어떻게 퇴전하지 않는 신·어·의 업을 얻으며

어떻게 가히 동요하지 않는 신·어·의 업을 얻으며

어떻게 수승한 신·어·의 업을 얻으며

어떻게 청정한 신·어·의 업을 얻으며

어떻게 물들지 않는 신·어·의 업을 얻으며

어떻게 지혜가 선도하는 신·어·의 업을 얻으며

어떻게 태어난 곳이 구족하며 종족이 구족하며

가문이 구족하며 색신이 구족하며

모습이 구족하며 생각이 구족하며

지혜가 구족하며 행이 구족하며

두려움이 없는 것이 구족하며 깨달음이 구족함을 얻으며

어떻게 수승한 지혜와 제일의 지혜와

최상의 지혜와 최승의 지혜와

무량한 지혜와 무수한 지혜와

부사의한 지혜와 더불어 같을 수 없는 지혜와

가히 사량할 수 없는 지혜와 가히 말할 수 없는 지혜를 얻으며

어떻게 원인의 힘과 의욕의 힘과

방편의 힘과 조연의 힘과

반연하는 바 힘과 근根의 힘과

관찰의 힘과 사마타의 힘과

비발사나의 힘과 사유의 힘을 얻으며

어떻게 오온의 선교와 십팔계의 선교와

십이처의 선교와 연기의 선교와

욕계의 선교와 색계의 선교와 무색계의 선교와

과거의 선교와 미래의 선교와 현재의 선교를 얻

으며

어떻게 념각분과 택법각분과

정진각분과 희각분과

의각분과 정각분과 사각분과

공과 무상과 무원을 잘 닦아 익히며

어떻게 단바라밀과 시바라밀과

찬제바라밀과 비리야바라밀과

선나바라밀과 반야바라밀을 원만케 하며

그리고 자·비·희·사를 원만케 함을 얻으며

어떻게 처비처지력과 과거·미래·현재업보지력과

근승렬지력과 종종계지력과

종종해지력과 일체지처도지력과

선해탈삼매염정지력과 숙주염지력과

무장애천안지력과 단제습지력을 얻으며

어떻게 항상 천왕과 용왕과

아차왕과 건달바왕과

아수라왕과 가루라왕과

긴나라왕과 마후라가왕과

인왕과 범왕이 수호하고 공경하고 공양하는 바를 얻으며

어떻게 일체중생으로 더불어 의지할 바가 되고 구호할 바가 되고

귀의할 바가 되고 취향할 바가 되고

횃불이 되고 광명이 되고

비춤이 되고 인도자가 되고

수승한 인도자가 되고 널리 인도하는 자가 됨을
얻으며

어떻게 일체중생 가운데 제일가는 이가 되고 큰
이가 되고

수승한 이가 되고 가장 수승한 이가 되고

묘한 이가 되고 지극히 묘한 이가 되고

높은 이가 되고 더 이상 높을 수 없는 이가 되고

같을 수 없는 이가 되고 같을 수도 없고 같을
수도 없는 이가 됩니까.

그때 문수사리보살이 지수보살에게 일러 말하기
를 착합니다, 불자여, 그대가 지금 다분히 요익케
하는 바이며 다분히 안은케 하는 바로 세간을 어여삐
여겨 천상과 인간을 이익하고 안락케 하고자 하기

위하여 이와 같은 뜻을 물으니

불자여, 만약 모든 보살이 그 마음을 잘 쓰면
곧 일체 수승하고 묘한 공덕을 얻어서
모든 불법에 마음이 걸리는 바가 없을 것이며
과거 미래 현재 모든 부처님의 도에 머물 것이며
중생을 따라 머물러 항상 버리고 떠나지 않을
것이며
저 모든 법의 모습을 다 능히 통달할 것이며
일체 악을 끊고 수많은 선을 구족할 것이며
마땅히 보현의 색상이 제일인 것과 같을 것이며
일체 행원이 다 구족함을 얻을 것이며
일체법에 자재하지 않음이 없을 것이며
중생의 제이第二 도사가 될 것입니다.

불자여, 어떻게 마음을 써야만 능히 일체 수승하
고 묘한 공덕을 얻겠습니까.

불자여,

보살이 집에 있을 때에

마땅히 중생이

집의 자성이 공한 줄 알아

그 핍박 면하기를 서원하며

부모에게 효도하고 섬길 때에

마땅히 중생이

부처님을 잘 섬겨

일체중생을 보호하고 봉양하기를 서원하며

아내와 자식이 모일 때에

마땅히 중생이

원수와 친한 이가 평등하여

영원히 탐욕과 애착을 떠나기를 서원하며

만약 오욕을 얻었다면

마땅히 중생이

욕망의 화살을 빼어 제멸하여

구경에 안은하기를 서원하며

기악妓藥인이 모일 때에

마땅히 중생이

법으로써 스스로 즐거워하여

기악이 진실이 아님을 요달하기를 서원할 것입니다.

만약 궁실에 있다면

마땅히 중생이

성인의 지위에 들어가

영원히 더러운 욕망을 제멸하기를 서원하며

영락을 찰 때에

마땅히 중생이

모든 거짓으로 꾸민 것을 버려

진실한 처소에 이르기를 서원하며

누각 위에 오를 때에

마땅히 중생이

정법의 누각 위에 올라

일체를 사무쳐 보기를 서원하며

만약 보시할 바가 있다면

마땅히 중생이

일체를 능히 버려

마음에 애착이 없기를 서원하며

대중이 모일 때에

마땅히 중생이

수많은 모인 법을 버려
일체 지혜를 성취하기를 서원하며

만약 액난이 있다면
마땅히 중생이
뜻을 따라 자재하여
행하는 곳이 걸림이 없기를 서원할 것입니다.

거처하던 집을 버릴 때에
마땅히 중생이
출가하여 걸림이 없어
마음에 해탈을 얻기를 서원하며

스님의 가람伽藍에 들어갈 때에
마땅히 중생이
가지가지

어기거나 다툼이 없는 법을 연설하기를 서원하며

큰 스승이거나 작은 스승에게 나아갈 때에
마땅히 중생이
스승을 교묘하게 섬겨
선법을 익혀 행하기를 서원하며

출가를 청구할 때에
마땅히 중생이
물러나지 않는 법을 얻어
마음에 장애가 없기를 서원하며

속복을 벗을 때에
마땅히 중생이
선근을 부지런히 닦아
모든 죄의 멍에를 버리기를 서원하며

수염과 머리털을 깎아 없앨 때에

마땅히 중생이

영원히 번뇌를 떠나

구경에 적멸하기를 서원하며

가사袈裟 옷을 입을 때에

마땅히 중생이

마음에 물드는 바가 없어서

큰 선도仙道를 갖추기를 서원하며

바로 출가할 때에

마땅히 중생이

부처님같이 출가하여

일체중생을 구호하기를 서원할 것입니다.

스스로 부처님께 귀의할 때에

마땅히 중생이

부처님의 종자를 이어 융성하게 하여

더 이상 없는 뜻을 일으키기를 서원하며

스스로 법에 귀의할 때에

마땅히 중생이

경장經藏에 깊이 들어가

지혜가 바다와 같기를 서원하며

스스로 스님에게 귀의할 때에

마땅히 중생이

대중을 통치하되

일체에 걸림이 없기를 서원하며

계를 받아 배울 때에

마땅히 중생이

계를 잘 배워

수많은 악을 짓지 않기를 서원하며

아사리의 가르침을 받을 때에

마땅히 중생이

위의를 구족하여

소행所行이 진실하기를 서원하며

화상의 가르침을 받을 때에

마땅히 중생이

무생지無生智에 들어가

의지할 곳 없는 곳에 이르기를 서원하며

구족계를 받을 때에

마땅히 중생이

모든 방편을 구족하여

가장 수승한 법을 얻기를 서원할 것입니다.

만약 당우에 들어간다면

마땅히 중생이

더 이상 없는 당우에 올라가

편안히 머물러 움직이지 않기를 서원하며

만약 상좌床座를 편다면

마땅히 중생이

선한 법을 열어 펼쳐

진실한 모습을 보기를 서원하며

몸을 바르게 하여 단정히 앉을 때에

마땅히 중생이

보리의 자리에 앉아

마음에 집착하는 바가 없기를 서원하며

결가부좌할 때에

마땅히 중생이

선근이 견고하여

부동지 얻기를 서원하며

선정을 수행할 때에

마땅히 중생이

선정으로써 마음을 조복 받아

구경에 남음이 없기를 서원하며

만약 관법을 수행한다면

마땅히 중생이

여실한 진리를 보아서

영원히 어기거나 다툼이 없기를 서원하며

가부좌를 펼 때에

마땅히 중생이

모든 행위의 법이

다 흩어져 소멸함에 돌아가는 줄 관찰하기를 서원할

것입니다.

발을 내려 머물 때에

마땅히 중생이

마음에 해탈을 얻어

편안히 머물러 움직이지 않기를 서원하며

만약 발을 들 때라면

마땅히 중생이

생사의 바다를 벗어나

수많은 선한 법을 구족하기를 서원하며

아랫바지를 입을 때에

마땅히 중생이

모든 선근을 입어

부끄러움을 구족하기를 소원하며

옷을 정리하여 띠를 맬 때에

마땅히 중생이

선근을 살피고 단속하여

하여금 흩어져 잃지 않기를 서원하며

만약 위에 옷을 입는다면

마땅히 중생이

수승한 선근을 얻어

진리의 피안에 이르기를 원하며

승가리를 입을 때에

마땅히 중생이

제일위에 들어가

움직이지 않는 법을 얻기를 서원할 것입니다.

손으로 버들가지(楊枝)를 잡을 때에

마땅히 중생이

다 묘한 법을 얻어

구경에 청정하기를 서원하며

버들가지를 씹을 때에

마땅히 중생이

그 마음이 고르고 청정하여

모든 번뇌를 깨물어 씹기를 서원하며

대·소변을 볼 때에

마땅히 중생이

탐진치를 버려

죄법罪法을 깨끗이 제멸하기를 서원하며

대·소변의 일을 마치고 물에 나아갈 때에
마땅히 중생이
출세간법 가운데
빨리 나아가기를 서원하며

형색의 더러운 곳을 씻을 때에
마땅히 중생이
청정하고 고르고 부드러워
필경에 때가 없기를 서원하며

물로써 손바닥을 씻을 때에
마땅히 중생이
청정한 손을 얻어서
불법을 받아 가지기를 서원하며

물로써 얼굴을 씻을 때에

마땅히 중생이

청정한 법문을 얻어서

영원히 더러운 때가 없기를 서원할 것입니다.

손으로 석장을 잡을 때에

마땅히 중생이

큰 시회施會를 베풀어

여실한 도를 현시하기를 서원하며

응량기應量器를 잡아 가질 때에

마땅히 중생이

진리의 그릇을 성취하여

천상과 인간의 공양 받기를 서원하며

발을 일으켜 길을 향할 때에

마땅히 중생이

부처님이 가신 곳에 나아가

의지할 곳 없는 곳에 들어가기를 서원하며

만약 길에 있다면

마땅히 중생이

능히 불도를 행하여

남김 없는 법에 향하기를 서원하며

길을 거닐어 갈 때에

마땅히 중생이

청정한 법계를 밟아

마음에 장애가 없기를 서원하며

높은 길에 오름을 볼 때에

마땅히 중생이

영원히 삼계를 벗어나

마음에 겁내거나 약함이 없기를 서원할 것입니다.

낮은 길에 나아감을 볼 때에

마땅히 중생이

그 마음을 겸손히 낮추어

부처님의 선근을 장양하기를 서원하며

비스듬히 굽은 길을 볼 때에

마땅히 중생이

바르지 못한 도를 버려

영원히 나쁜 소견을 버리기를 서원하며

만약 바른 길을 본다면

마땅히 중생이

그 마음이 바로 곧아

아첨도 없고 속임도 없기를 서원하며

길에 수많은 티끌을 볼 때에
마땅히 중생이
티끌을 멀리 떠나
청정한 진리를 얻기를 서원하며

길에 티끌이 없음을 볼 때에
마땅히 중생이
항상 대비를 행하여
그 마음이 윤택하기를 서원하며

만약 험한 길을 본다면
마땅히 중생이
진정한 법계에 머물러
모든 재난을 떠나기를 서원할 것입니다.

만약 대중이 모인 것을 본다면

마땅히 중생이

깊고도 깊은 법을 설하여

일체중생으로 화합케 하기를 서원하며

만약 큰 기둥을 본다면

마땅히 중생이

아만으로 다투는 마음을 떠나

분노와 원한이 없기를 서원하며

만약 총림叢林을 본다면

마땅히 중생이

모든 하늘과 그리고 사람들이

응당 공경하고 예배할 바가 되기를 서원할 것입니다.

만약 높은 산을 본다면

마땅히 중생이

선근이 뛰어나

능히 정상에 이를 수 없기를 서원하며

가시나무를 볼 때에

마땅히 중생이

삼독의 가시를

빨리 베어 제거함을 얻기를 서원하며

나뭇잎이 무성함을 볼 때에

마땅히 중생이

선정과 해탈로써

덮어 가리기를 서원하며

만약 꽃이 피는 것을 본다면

마땅히 중생이

신통 등의 법이
꽃이 피는 것과 같기를 서원하며

만약 나무에 꽃을 본다면
마땅히 중생이
수많은 모습이 꽃과 같아서
삼십이상을 구족하기를 소원하며

만약 과실을 본다면
마땅히 중생이
가장 수승한 법을 얻어
보리도를 증득하기를 서원하며

만약 큰 강을 본다면
마땅히 중생이
법의 강물이 흐름에 참예함을 얻어

부처님의 지혜 바다에 들어가기를 서원하며

만약 저수지를 본다면

마땅히 중생이

모든 부처님의

한맛의 법을 빨리 깨닫기를 서원하며

만약 못을 본다면

마땅히 중생이

어업이 만족하여

교묘하게 능히 연설하기를 서원하며

만약 우물을 긷는 것을 본다면

마땅히 중생이

변재를 구족하여

일체법 연설하기를 서원할 것입니다.

만약 용천의 물을 본다면

마땅히 중생이

방편을 증장하여

선근이 끝이 없기를 서원하며

만약 다리 길을 본다면

마땅히 중생이

널리 일체중생을 건너게 해주기를

비유하자면 다리와 같이 하기를 서원하며

만약 흐르는 물을 본다면

마땅히 중생이

좋은 의욕을 얻어

번뇌의 때를 씻어 제멸하기를 서원하며

동산의 채마밭을 정비함을 볼 때에

마땅히 중생의

오욕의 채마밭 가운데

애욕의 풀을 매어 제거하기를 서원하며

근심 없는 숲을 볼 때에

마땅히 중생이

영원히 탐욕과 애욕을 떠나

근심과 두려움을 내지 않기를 서원하며

만약 동산을 본다면

마땅히 중생이

모든 행을 부지런히 닦아

부처님의 깨달음에 나아가기를 서원할 것입니다.

장엄하여 꾸민 사람을 볼 때에

마땅히 중생이

삼십이상으로

장엄하여 좋아하기를 서원하며

장엄하여 꾸민 것이 없는 사람을 볼 때에

마땅히 중생이

모든 꾸며서 좋아하는 것을 버리고

두타행을 구족하기를 서원하며

즐거움에 집착하는 사람을 볼 때에

마땅히 중생이

법으로써 스스로 즐겨

환희하고 좋아하여 버리지 않기를 서원하며

즐거움에 집착하는 것이 없는 사람을 볼 때에

마땅히 중생이

유위의 사실 가운데

마음에 좋아할 바가 없기를 서원하며

환희하고 즐거워하는 사람을 볼 때에

마땅히 중생이

항상 안락을 얻어서

부처님께 공양하기를 즐거워하기를 서원하며

고뇌하는 사람을 볼 때에

마땅히 중생이

근본지를 얻어서

수많은 고통을 멸제하기를 서원할 것입니다.

병이 없는 사람을 볼 때에

마땅히 중생이

진실한 지혜에 들어가

영원히 병의 뇌로움이 없기를 서원하며

병이 있는 사람을 볼 때에

마땅히 중생이

몸이 공적한 줄 알아서

어기거나 다투는 법을 떠나기를 서원할 것입니다.

단정한 사람을 볼 때에

마땅히 중생이

부처님과 보살에게

항상 청정한 믿음을 내기를 서원하며

누추한 사람을 볼 때에

마땅히 중생이

좋지 않는 일에

즐겁게 집착하는 마음을 내지 않기를 서원하며

은덕을 갚는 사람을 볼 때에

마땅히 중생이

부처님과 보살에게

능히 은덕을 갚을 줄 알기를 서원하며

은덕을 등진 사람을 볼 때에

마땅히 중생이

악이 있는 사람에게

그 과보를 가加하지 않기를 서원할 것입니다.

만약 사문을 본다면

마땅히 중생이

조순하고 적정하여

필경에 제일이기를 서원하며

바라문을 볼 때에

마땅히 중생이

영원히 범행梵行을 가져

일체의 악행을 떠나기를 서원하며

고행하는 사람을 볼 때에

마땅히 중생이

저 고행을 의지하여

구경究竟의 처소에 이르기를 서원하며

지조 있게 수행하는 사람을 볼 때에

마땅히 중생이

뜻 있는 행을 굳게 가져

부처님의 도를 버리지 않기를 서원하며

갑옷을 입은 사람을 볼 때에

마땅히 중생이

항상 선행의 갑옷을 입고

스승 없는 법에 나아가기를 서원하며

갑옷과 병장기가 없는 사람을 볼 때에
마땅히 중생이
영원히 일체
착하지 않는 업을 떠나기를 서원하며

논의하는 사람을 볼 때에
마땅히 중생이
모든 논의를
다 능히 꺾어 항복받기를 서원하며

바른 생활을 하는 사람을 볼 때에
마땅히 중생이
청정한 생활을 얻어서
위의를 속이지 않기를 서원할 것입니다.

만약 왕을 본다면

마땅히 중생이

법왕이 됨을 얻어

항상 정법을 전하기를 서원하며

만약 왕자를 본다면

마땅히 중생이

진리를 좇아 화생하여

불자가 되기를 서원하며

만약 장자를 본다면

마땅히 중생이

잘 능히 현명하게 판단하여

악법을 행하지 않기를 서원하며

만약 대신을 본다면

마땅히 중생이

항상 바른 생각을 지켜

수많은 선법을 닦아 행하기를 서원할 것입니다.

만약 성곽을 본다면

마땅히 중생이

견고한 몸을 얻어

마음이 굴복하는 바가 없기를 서원하며

만약 왕도王都를 본다면

마땅히 중생이

공덕을 함께 모아

마음이 항상 환희하고 즐거워하기를 서원하며

숲속에 거처함을 볼 때에

마땅히 중생이

응당 하늘과 사람이

찬탄하여 우러러보는 바가 되기를 서원할 것입니다.

동리에 들어가 걸식할 때에

마땅히 중생이

깊은 법계에 들어가

마음에 장애가 없기를 서원하며

사람의 문 앞에 이르렀을 때에

마땅히 중생이

일체

불법의 문에 들어가기를 서원하며

그 집에 들어간 이후에

마땅히 중생이

불승佛乘에 들어감을 얻어

삼세가 평등하기를 서원할 것입니다.

버리지 않는 사람을 볼 때에

마땅히 중생이

항상 수승한 공덕의 법을

버리지 않기를 서원하며

능히 버리는 사람을 볼 때에

마땅히 중생이

영원히 삼악도의 고통을

버리고 떠남을 얻기를 서원하며

만약 빈 발우를 본다면

마땅히 중생이

그 마음이 청정하고

비어 번뇌가 없기를 서원하며

만약 가득 찬 발우를 본다면

마땅히 중생이

일체 착한 법을

구족하여 성만하기를 서원하며

만약 공경함을 얻는다면

마땅히 중생이

일체 불법을

공경하고 수행하기를 서원하며

공경함을 얻지 못할 때에

마땅히 중생이

일체 착하지 않는 법을

행하지 않기를 서원하며

부끄러워하는 사람을 볼 때에

마땅히 중생이

부끄러워하는 행을 갖추어

육근을 감추고 보호하기를 서원하며

부끄러워함이 없는 사람을 볼 때에

마땅히 중생이

부끄러워함이 없음을 버리고 떠나

큰 자비의 도에 머물기를 서원할 것입니다.

만약 맛이 좋은 음식을 얻는다면

마땅히 중생이

그 서원을 만족하여

마음에 부러운 욕심이 없기를 서원하며

맛이 좋지 않은 음식을 얻을 때에

마땅히 중생이

모든 삼매의 맛을

얻지 아니함이 없기를 서원하며

부드러운 음식을 얻을 때에

마땅히 중생이

대비의 훈습한 바로

마음과 뜻이 부드럽기를 서원하며

거칠고 떫은 음식을 얻을 때에

마땅히 중생이

마음이 물들고 집착함이 없어서

세간에 탐욕과 애욕을 끊기를 서원하며

만약 음식을 먹을 때면

마땅히 중생이

선열禪悅로 음식을 삼아

진리의 기쁨이 충만하기를 서원하며

만약 맛을 느낄 때면

마땅히 중생이

부처님의 최상의 맛을 얻어

감로의 맛이 충족되기를 서원하며

음식을 먹어 마친 뒤에

마땅히 중생이

작위하던 바를 다 처리하여

모든 불법을 갖추기를 서원하며

만약 법을 설할 때면

마땅히 중생이

끝없는 변재를 얻어

널리 법의 요체를 선설하기를 서원할 것입니다.

집으로 좇아 나올 때에

마땅히 중생이

깊이 부처님의 지혜에 들어가

영원히 삼계에서 벗어나기를 서원하며

만약 물에 들어갈 때면

마땅히 중생이

일체 지혜에 들어가

삼세가 평등한 줄 알기를 서원하며

신체를 씻을 때에

마땅히 중생이

몸과 마음이 때가 없어서

안과 밖으로 빛나고 맑기를 서원하며

한더위에 그 더위로 괴로워할 때에

마땅히 중생이

수많은 번뇌를 버려

일체가 다 끝나기를 서원하며

더위가 물러가고 청량함이 처음 올 때에

마땅히 중생이

더 이상 없는 법을 증득하여

구경에 청량하기를 서원할 것입니다.

경전을 읊고 외울 때에

마땅히 중생이

부처님이 설하신 바를 따라

모두 받아가져 잊지 않기를 서원하며

만약 부처님 친견함을 얻는다면

마땅히 중생이

걸림이 없는 눈을 얻어

일체 부처님 친견하기를 서원하며

부처님을 자세하게 관찰할 때에

마땅히 중생이

다 보현보살의

단정한 상호 장엄과 같기를 서원하며

부처님의 탑을 볼 때에

마땅히 중생이

탑과 같이 존중하여

하늘과 사람들의 공양을 받기를 서원하며

공경하는 마음으로 탑을 관찰할 때에

마땅히 중생이

모든 하늘과 그리고 사람들이

함께 우러러보는 바가 되기를 서원하며

탑에 정례할 때에

마땅히 중생이

일체 하늘과 사람들이

능히 정상을 볼 수 없기를 서원하며

탑을 오른쪽으로 돌 때에

마땅히 중생이

행하는 바가 거스름이 없어서

일체 지혜를 이루기를 서원하며

탑을 세 번 돌 때에

마땅히 중생이

부지런히 불도를 구하여

마음이 게으르거나 쉼이 없기를 서원하며

부처님의 공덕을 찬탄할 때에

마땅히 중생이

수많은 공덕을 다 갖추어

칭찬이 끝이 없기를 서원하며

부처님의 상호를 찬탄할 때에

마땅히 중생이

부처님의 몸을 성취하여

모습이 없는 법을 증득하기를 서원할 것입니다.

만약 발을 씻을 때면

마땅히 중생이

신족력을 구족하여

행하는 바가 걸림이 없기를 서원하며

때가 되어 잠을 자고 쉴 때에

마땅히 중생이

몸이 안은함을 얻고

마음이 움직이거나 산란함이 없기를 서원하며

잠을 자고 비로소 깨어날 때에

마땅히 중생이

일체 지혜를 깨달아

시방을 두루 돌아보기를 서원할 것입니다.

불자여, 만약 모든 보살이 이와 같이 마음을 쓴다
면 곧 일체 수승하고 묘한 공덕을 얻어 일체 세간과
모든 하늘과 마군과 범천과 사문과 바라문과 건달바
와 아수라 등과 그리고 일체 성문과 연각이 능히
움직이지 못할 바입니다.

현수품 ①

그때에 문수사리 보살이 탁하고 산란함이 없는 청정한 행의 큰 공덕을 설하여 마치고 보리심의 공덕을 현시하고자 한 까닭으로 게송으로써 현수보살에게 물어 말하기를

내가 지금 이미 모든 보살을 위하여
부처님께서 지나간 옛날에 닦으신 청정한 행을 연설하였으니,
인자仁者도 또한 마땅히 이 회중에서
부처님께서 수행한 수승한 공덕을 연창해야 할 것입니다.

그때에 현수보살이 게송으로써 답하여 말하기를

거룩합니다, 인자여, 응당 자세히 들어보세요.
저 모든 공덕은 가히 헤아릴 수 없지만
저가 지금 힘을 따라 조금만 설하리니
비유하자면 큰 바다에 한 방울의 물과 같습니다.

만약 어떤 보살이라도 처음에 발심하여
서원코 마땅히 부처님의 깨달음을 증득하길 구하려
고 한다면
저 공덕은 끝이 없어서
가히 이름할 수도 헤아릴 수도 없고 더불어 같을
수도 없거든

어찌 하물며 한량도 없고 끝도 없는 세월에
지위와 바라밀을 갖추어 닦는 공덕이겠습니까.

시방의 일체 모든 여래가
다 함께 칭양하여도 능히 다할 수 없습니다.

이와 같이 끝없는 큰 공덕을
저가 지금 그 가운데 조금만 설하리니
비유하자면 새발로 허공을 밟은 것과 같으며
또한 대지의 한 작은 티끌과 같습니다.

보살이 뜻을 일으켜 보리를 구하는 것이
원인도 없고 조연도 없는 것이 아니니
저 불법승에 청정한 믿음을 내어야
이것으로써 넓고 큰마음을 일으킵니다.

오욕과 그리고 왕위와
부유함과 스스로 즐거움과 큰 명성을 구하지 않고
다만 중생의 고통을 영원히 소멸하여

세간을 이익케 하기 위하여 발심하였습니다.

항상 모든 중생을 이락케 하고자 하여
국토를 장엄하고 부처님께 공양하며
정법을 받아 가지고 모든 지혜를 닦아
보리를 증득하고자 한 까닭으로 발심하였습니다.

깊은 마음으로 항상 청정한 줄 믿고 알아
일체 부처님을 공경하고 존중하며
법과 그리고 스님에게도 또한 이와 같이 하여
지극정성으로 공양하고자 발심하였습니다.

부처님과 그리고 부처님의 법을 깊이 믿고
또한 불자가 행할 바 도를 믿으며
그리고 더 이상 없는 대보리를 믿어
보살이 이것으로써 처음 발심하였습니다.

믿음은 도의 근원이자 공덕의 어머니가 되나니
일체 모든 선법을 장양하며
의심의 그물을 끊어 제거하고 사랑의 강물을 벗어나
열반의 더 이상 없는 도를 열어 보입니다.

믿음은 때도 혼탁함도 없어 마음이 청정하고
교만을 제멸하여 공경하는 근본이 되며
또한 법장의 제일가는 재물이 되고
청정한 손이 되어 수많은 행을 받습니다.

믿음은 능히 은혜롭게 보시하여 마음에 아낌이 없게
하고
믿음은 능히 환희하여 불법에 들어가게 하며
믿음은 능히 지혜와 공덕을 증장케 하고
믿음은 능히 여래의 지위에 반드시 이르게 합니다.

믿음은 육근으로 하여금 맑게 밝게 이롭게 하고
믿음은 그 힘이 견고하여 능히 무너뜨릴 수 없으며
믿음은 능히 번뇌의 근본을 영원히 사라지게 하고
믿음은 능히 부처님의 공덕에 오로지 향하게 합니다.

믿음은 경계에 집착하는 바가 없게 하고
모든 고난을 멀리 떠나 고난이 없음을 얻게 하며
믿음은 능히 수많은 마군의 길을 뛰어나게 하고
더 이상 없는 해탈의 길을 나타내 보입니다.

믿음은 공덕이 파괴되지 않게 하는 종자가 되고
믿음은 능히 보리의 나무를 생장케 하며
믿음은 능히 가장 수승한 지혜를 더하게 하고
믿음은 능히 일체 부처님을 나타내 보입니다.

이런 까닭으로 행을 의지하여 차례를 말한다면

믿음의 즐거움이 가장 수승하여 매우 얻기 어렵나니
비유하자면 일체 세간 가운데
뜻을 따르는 묘한 보배 구슬이 있는 것과 같습니다.

만약 항상 모든 부처님을 믿고 받든다면
곧 능히 계를 가져 닦아 배울 곳이요
만약 항상 계를 가져 닦아 배울 곳이라면
곧 능히 모든 공덕을 구족할 것입니다.

계는 능히 보리를 개발하는 근본이요
배움(學)은 부지런히 공덕을 닦는 땅이니
계와 그리고 배움에 항상 수순하여 수행한다면
일체 여래가 아름답다 칭찬할 바입니다.

만약 항상 모든 부처님을 믿고 받든다면
곧 능히 큰 공양을 일으켜 모을 것이요

만약 능히 큰 공양을 일으켜 모은다면
저 사람은 부처님의 불가사의함을 믿을 것입니다.

만약 항상 존귀한 법을 믿고 받든다면
곧 불법을 듣되 싫어하거나 만족함이 없을 것이요
만약 불법을 듣되 싫어하거나 만족함이 없다면
저 사람은 법이 불가사의함을 믿을 것입니다.

만약 항상 청정한 스님을 믿고 받든다면
곧 믿는 마음이 물러나지 아니함을 얻을 것이요
만약 믿는 마음이 물러나지 아니함을 얻는다면
저 사람은 믿는 힘이 능히 움직이지 않을 것입니다.

만약 믿는 힘이 능히 움직이지 아니함을 얻는다면
곧 육근이 맑고 밝고 이로움을 얻을 것이요
만약 육근이 맑고 밝고 이로움을 얻는다면

곧 능히 악지식惡知識을 멀리 떠날 것입니다.

만약 능히 악지식을 멀리 떠난다면
곧 선지식을 친근함을 얻을 것이요
만약 선지식을 친근함을 얻는다면
곧 능히 광대한 선법을 닦아 익힐 것입니다.

만약 능히 광대한 선법을 닦아 익힌다면
저 사람은 광대한 원인의 힘을 성취할 것이요
만약 저 사람이 광대한 원인의 힘을 성취한다면
곧 수승하고 결정된 지해를 얻을 것입니다.

만약 수승하고 결정된 지해를 얻는다면
곧 모든 부처님의 호념하는 바가 될 것이요
만약 모든 부처님의 호념하는 바가 된다면
곧 능히 보리심을 일으킬 것입니다.

만약 능히 보리심을 일으킴을 얻는다면
곧 능히 부처님의 공덕을 부지런히 수행할 것이요
만약 능히 부처님의 공덕을 부지런히 수행한다면
곧 여래의 집에 태어나 있음을 얻을 것입니다.

만약 여래의 집에 태어나 있음을 얻는다면
곧 선교방편을 잘 수행할 것이요
만약 선교방편을 잘 수행한다면
곧 믿고 즐거워하는 마음이 청정함을 얻을 것입니다.

만약 믿고 즐거워하는 마음이 청정함을 얻는다면
곧 증상增上하는 가장 수승한 마음을 얻을 것이요
만약 증상하는 가장 수승한 마음을 얻는다면
곧 항상 바라밀을 닦아 익힐 것입니다.

만약 항상 바라밀을 닦아 익힌다면

곧 능히 마하연을 구족할 것이요

만약 능히 마하연을 구족한다면

곧 능히 여법하게 부처님께 공양할 것입니다.

만약 능히 여법하게 부처님께 공양한다면

곧 능히 부처님을 생각하여 마음이 움직이지 않을

것이요

만약 능히 부처님을 생각하여 마음이 움직이지 않는

다면

곧 항상 한량없는 부처님을 볼 것입니다.

만약 항상 한량없는 부처님을 본다면

곧 여래의 자체가 상주함을 볼 것이요

만약 여래의 자체가 상주함을 본다면

곧 능히 법이 영원히 사라지지 아니함을 알 것입니다.

만약 능히 법이 영원히 사라지지 아니함을 안다면

곧 변재가 걸림이 없음을 얻을 것이요

만약 능히 변재가 걸림이 없다면

곧 능히 끝없는 법을 열어 연설할 것입니다.

만약 능히 끝없는 법을 열어 연설한다면

곧 능히 자민한 마음으로 중생을 제도할 것이요

만약 능히 자민한 마음으로 중생을 제도한다면

곧 견고한 대비심을 얻을 것입니다.

만약 견고한 대비심을 얻는다면

곧 능히 깊고도 깊은 법을 사랑하고 좋아할 것이요

만약 능히 깊고도 깊은 법을 사랑하고 좋아한다면

곧 능히 유위의 허물을 버리고 떠날 것입니다.

만약 능히 유위의 허물을 버리고 떠난다면

곧 교만과 그리고 방일을 떠날 것이요
만약 교만과 그리고 방일을 떠난다면
곧 능히 일체중생도 겸하여 이익케 할 것입니다.

만약 능히 일체중생도 겸하여 이익케 한다면
곧 생사에 거처하지만 피곤하거나 싫어함이 없을
것이요
만약 생사에 거처하지만 피곤하거나 싫어함이 없
다면
곧 능히 용맹하고 강건함을 능히 이길 자가 없을
것입니다.

만약 능히 용맹하고 강건하여 능히 이길 자가 없다면
곧 능히 큰 신통을 일으킬 것이요
만약 능히 큰 신통을 일으킨다면
곧 일체중생의 행을 알 것입니다.

만약 일체중생의 행을 안다면

곧 능히 모든 중생을 성취할 것이요

만약 능히 모든 중생을 성취한다면

곧 중생을 잘 섭수하는 지혜를 얻을 것입니다.

만약 중생을 잘 섭수하는 지혜를 얻는다면

곧 능히 사섭법을 성취할 것이요

만약 능히 사섭법을 성취한다면

곧 중생에게 한없는 이익을 줄 것입니다.

만약 중생에게 한없는 이익을 준다면

곧 가장 수승한 지혜와 방편을 구족할 것입니다.

만약 가장 수승한 지혜와 방편을 구족한다면

곧 용맹스레 더 이상 없는 도에 머물 것이요

만약 용맹스레 더 이상 없는 도에 머문다면

곧 능히 모든 마군의 힘을 꺾어 다할 것입니다.

만약 능히 모든 마군의 힘을 꺾어 다한다면
곧 능히 사마四魔의 경계를 뛰어날 것이요
만약 사마의 경계를 뛰어난다면
곧 불퇴지에 이름을 얻을 것입니다.

만약 불퇴지에 이름을 얻는다면
곧 무생無生의 깊은 법인을 얻을 것이요
만약 무생의 깊은 법인을 얻는다면
곧 모든 부처님의 수기하는 바가 될 것입니다.

만약 모든 부처님이 수기하는 바를 얻는다면
곧 일체 부처님이 그 앞에 나타날 것이요
만약 일체 부처님이 그 앞에 나타난다면
곧 신통의 깊고도 비밀한 작용을 알 것입니다.

만약 신통의 깊고도 비밀한 작용을 안다면

곧 모든 부처님이 기억하여 생각하는 바가 될 것이요

만약 모든 부처님이 기억하여 생각하는 바가 된다면

곧 부처님의 공덕으로써 스스로 장엄할 것입니다.

만약 부처님의 공덕으로써 스스로 장엄한다면

곧 신묘한 복덕으로 단정하게 장엄한 몸을 얻을 것

이요

만약 신묘한 복덕으로 단정하게 장엄한 몸을 얻는

다면

곧 몸에 밝은 빛이 금산金山과 같을 것입니다.

만약 밝은 빛이 금산과 같음을 얻는다면

곧 모습으로 장엄한 것이 서른두 가지일 것이요

만약 모습으로 장엄한 것이 서른두 가지라면

곧 팔십수형호隨形好를 갖추어 장엄하고 꾸밀 것입

니다.

만약 팔십수형호를 갖추어 장엄하고 꾸민다면
곧 몸에 광명이 한량이 없을 것이요
만약 몸에 광명이 한량이 없다면
곧 불가사의한 광명으로 장엄할 것입니다.

만약 불가사의한 광명으로 장엄한다면
그 광명이 곧 모든 연꽃을 출생할 것이요
그 광명이 만약 모든 연꽃을 출생한다면
곧 한량없는 부처님이 그 연꽃 위에 앉으사

시방에 시현하여 두루하지 아니함이 없어서
다 능히 모든 중생을 조복할 것이니
만약 능히 이와 같이 중생을 조복한다면
곧 한량없는 신통의 힘을 나타낼 것입니다.

만약 한량없는 신통의 힘을 나타낸다면

곧 불가사의한 국토에 머물러

불가사의한 법을 연설하여

불가사의한 대중으로 하여금 환희케 할 것입니다.

만약 불가사의한 법을 연설하여

불가사의한 대중으로 하여금 환희케 한다면

곧 지혜와 변재의 힘으로써

중생의 마음을 따라 교화하여 달랠 것입니다.

만약 지혜와 변재의 힘으로써

중생의 마음을 따라 교화하여 달랜다면

곧 지혜로써 선도하여

신·어·의 업에 항상 잃음이 없을 것입니다.

만약 지혜로써 선도하여

신·어·의 업에 항상 잃음이 없다면

곧 그 원력이 자재함을 얻어

널리 육취를 따라 몸을 나타낼 것입니다.

만약 그 원력이 자재함을 얻어

널리 육취를 따라 몸을 나타낸다면

곧 능히 중생을 위하여 법을 설할 때에

음성이 유형을 따라 사의하기 어려울 것입니다.

만약 능히 중생을 위하여 법을 설할 때에

음성이 유형을 따라 사의하기 어렵다면

곧 일체중생의 마음을

한 생각에 다 알아 남김없이 할 것입니다.

만약 일체중생의 마음을

한 생각에 다 알아 남김없이 한다면

곧 번뇌가 일어나는 바가 없는 줄 알아

영원히 생사에 빠지지 않을 것입니다.

만약 번뇌가 일어나는 바가 없는 줄 알아

영원히 생사에 빠지지 않는다면

곧 공덕의 법성신을 얻어

법신의 위신력으로 세간에 나타날 것입니다.

만약 공덕의 법성신을 얻어

법신의 위신력으로 세간에 나타난다면

곧 십지의 십자재를 얻어

모든 바라밀의 수승한 해탈을 수행할 것입니다.

만약 십지의 십자재를 얻어

모든 바라밀의 수승한 해탈을 수행한다면

곧 관정위의 대신통을 얻어

가장 수승한 모든 삼매에 머물 것입니다.

만약 관정위의 대신통을 얻어
가장 수승한 모든 삼매에 머문다면
곧 시방의 모든 부처님의 처소에서
응당 관정함을 받아 부처님의 지위에 오를 것입니다.

만약 시방의 모든 부처님의 처소에서
응당 관정함을 받아 부처님의 지위에 오른다면
곧 시방의 일체 부처님이
손으로 감로수를 그 보살의 정수리에 부어줌을 입을
것입니다.

만약 시방의 일체 부처님이
손으로 감로수를 그 보살의 정수리에 부어줌을 입는
다면

곧 몸이 충만하여 두루한 것이 마치 허공과 같아서 편안히 머물러 움직이지 않고 시방에 충만할 것입니다.

만약 몸이 충만하여 두루한 것이 마치 허공과 같아서 편안히 머물러 움직이지 않고 시방에 충만하다면 곧 저 보살이 행한 바가 더불어 같을 사람이 없어서 모든 하늘과 세간 사람이 능히 알 수가 없을 것입니다.

보살이 대비행을 부지런히 닦아
일체중생을 제도하되 과단果斷치 아니함이 없기를 서원하기에
보고 듣고 듣고 받아 가지거나 혹 공양한다면
다 하여금 안락을 얻게 하지 아니함이 없을 것입니다.

저 모든 대사의 위신력으로

법안이 항상 온전하여 이지러지거나 모자람이 없
어서
십선의 묘한 행 등 모든 도의
더 이상 없는 수승한 보배를 다 하여금 나타나게
할 것입니다.

비유하자면 큰 바다에 금강의 뭉치가
저 믿음의 위신력으로써 수많은 보배를 생기하되
모자람도 없고 더함도 없고 또한 다함도 없는 것과
같아서
보살의 공덕 뭉치도 또한 그러합니다.

혹 어떤 국토에 부처님이 없으면
저 국토에 정각 이룸을 나타내어 보이며
혹 어떤 국토에 법을 알지 못하면
저 국토에 묘한 법장을 연설합니다.

분별도 없고 공용도 없지만
한 생각에 시방에 두루하는 것이
마치 달빛 그림자가 두루하지 아니함이 없는 것과
같아서
한량없는 방편으로 중생을 교화합니다.

저 시방의 세계 가운데
생각생각에 불도를 성취하여
정법의 바퀴를 전하고 적멸에 들어가며
내지 사리를 널리 분포함을 나타내어 보입니다.

혹은 성문과 독각의 도를 나타내고
혹은 부처를 이루어 널리 장엄함을 나타내어
이와 같이 삼승의 가르침을 열어
널리 중생을 한량없는 세월(劫)토록 제도하십니다.

혹은 동남·동녀의 형상과

하늘과 용과 그리고 아수라와

내지 마후라가 등을 나타내어

그들이 좋아하는 바를 따라 다 하여금 보게 하십니다.

중생의 형상이 각각 같지 않고

행업과 음성도 또한 한량이 없지만

이와 같은 일체를 다 나타내시니

해인삼매의 위신력입니다.

가히 사의할 수 없는 국토를 장엄하여 청정케 하고

일체 모든 여래에게 공양하며

큰 광명 놓기를 끝이 없이 하고

중생을 제도하여 해탈케 하기를 또한 한없이 하십
니다.

지혜는 자재하여 사의할 수 없고

법을 설하는 말씀은 걸림이 없으며

보시와 지계와 인욕과 정진과 그리고 선정과

지혜와 방편과 신통 등의

이와 같은 일체에 다 자재하신 것은

부처님의 화엄삼매의 힘입니다.

하나의 작은 티끌 가운데서 삼매에 들어가

일체 작은 티끌 가운데서 삼매를 성취하시지만

저 하나의 작은 티끌도 또한 더하지 않고

한 티끌에 널리 사의하기 어려운 국토를 나타내십
니다.

저 한 티끌 안에 수많은 국토가

혹 어떤 국토는 부처님이 있기도 하고 혹 부처님이

없기도 하며

혹 어떤 국토는 섞이어 더럽기도 하고 혹 청정하기도
하며

혹 어떤 국토는 광대하기도 하고 혹 협소하기도 합
니다.

혹 다시 어떤 국토는 이루어지기도 하고 혹 무너지기
도 하며

혹 어떤 국토는 바로 머물기도 하고 혹은 옆으로
머물기도 하며

혹은 광야에 아지랑이 같고

혹은 천상의 인다라 그물과 같습니다.

마치 한 티끌 가운데 시현한 바와 같아서

일체 작은 티끌에도 다 또한 그렇게 하나니

이것이 큰 이름 얻은 모든 성인의

삼매와 해탈과 신통의 힘입니다.

만약 일체 부처님께 공양하고자 한다면
삼매에 들어가 신통 변화를 일으켜
능히 한 손으로 삼천세계에 두루하여
널리 일체 모든 여래에게 공양합니다.

시방에 있는 바 수승하고 묘한 꽃과
바르는 향과 가루 향과 값으로 따질 수 없는 보배인
이와 같은 것을 다 손 가운데로 좇아내어
도수道樹인 가장 수승한 부처님께 공양합니다.

값으로 따질 수 없는 옷과 여러 가지 향이 섞인 묘한
향과
보배 당기와 번과 일산이 다 장엄이 좋으며
진금으로 꽃이 되고 보배로 휘장이 된 것을

다 손바닥 가운데로 좇아 비 내리지 아니함이 없습
니다.

시방에 있는 바 모든 묘한 물건을
응당 가히 무상존께 받들어 올리려고
손바닥 가운데서 다 빠짐없이 비 내려
보리수 앞에 가져가 부처님께 공양하였습니다.

시방에 일체 모든 기생과 음악과
종과 북과 거문고와 비파인 한 종류가 아닌 것이
다 온화하고 청아한 묘한 음성을 연주하되
손바닥 가운데로 좇아 나오지 아니함이 없습니다.

시방에 있는 바 모든 찬송으로
여래의 진실한 공덕을 칭찬하는
이와 같은 가지가지 묘한 말씀을

다 손바닥 가운데로 좇아 열어 연설합니다.

보살이 오른손으로 청정한 광명을 놓고
광명 가운데 향수를 허공으로 좇아 비 내려
널리 시방에 모든 부처님의 국토에 뿌려
일체 세간을 비추는 등불에게 공양합니다.

또 광명을 놓아 묘하게 장엄하고
한량없는 보배 연꽃을 출생하되
그 꽃의 색상이 다 수특하고 묘하니
이것으로써 모든 부처님께 공양합니다.

또 광명을 놓아 꽃으로 장엄하고
가지가지 묘한 꽃을 모아 휘장을 삼아
널리 시방의 모든 국토에 흩어
일체 대덕 세존에게 공양합니다.

또 광명을 놓아 향으로 장엄하고
가지가지 묘한 향을 모아 휘장을 삼아
널리 시방의 모든 국토에 흩어
일체 대덕 세존에게 공양합니다.

또 광명을 놓아 가루 향으로 장엄하고
가지가지 가루 향을 모아 휘장을 삼아
널리 시방의 모든 국토에 흩어
일체 대덕 세존에게 공양합니다.

또 광명을 놓아 옷으로 장엄하고
가지가지 유명한 옷을 모아 휘장을 삼아
널리 시방의 모든 국토에 흩어
일체 대덕 세존에게 공양합니다.

또 광명을 놓아 보배로 장엄하고

가지가지 묘한 보배를 모아 휘장을 삼아

널리 시방의 모든 국토에 흩어

일체 대덕 세존에게 공양합니다.

또 광명을 놓아 연꽃으로 장엄하고

가지가지 연꽃을 모아 휘장을 삼아

널리 시방의 모든 국토에 흩어

일체 대덕 세존에게 공양합니다.

또 광명을 놓아 영락으로 장엄하고

가지가지 묘한 영락을 모아 휘장을 삼아

널리 시방의 모든 국토에 흩어

일체 대덕 세존에게 공양합니다.

또 광명을 놓아 당기로 장엄하고

그 당기가 곱고 빛나 수많은 색상을 갖추었으되

가지가지 한량없는 색상이 다 수특하고 묘하니
이것으로써 모든 부처님의 국토를 장엄합니다.

가지가지 보배로 섞어 장엄한 일산에
수많은 묘한 비단 번을 함께 내려 장식한데
마니 보배 요령이 부처님의 음성을 연설하니
잡아 가져 모든 여래에게 공양합니다.

손으로 사의하기 어려운 공양구를 내어
이와 같이 한 도사에게 공양하고
일체 부처님의 처소에도 다 이와 같이 하니
대사의 삼매 속 신통의 힘입니다.

보살이 삼매 가운데 머물러 있어
가지가지 자재로 중생을 섭수하되
다 수행한 바 공덕의 법과

한량없는 방편으로 열어 유도합니다.

혹은 여래에게 공양하는 문門으로써 유도하고

혹은 사의하기 어려운 보시문으로써 유도하며

혹은 두타의 지계문으로써 유도하고

혹은 움직이지 않는 감인문으로써 유도합니다.

혹은 고행하는 정진문으로써 유도하고

혹은 고요한 선정문으로써 유도하며

혹은 결정코 아는 지혜문으로써 유도하고

혹은 행할 바 방편문으로써 유도합니다.

혹은 범왕이 머무는 신통문으로써 유도하고

혹은 사섭四攝의 이익문으로써 유도하며

혹은 복덕과 지혜의 장엄문으로써 유도하고

혹은 인연의 해탈문으로써 유도합니다.

혹은 오근과 오력과 팔정도문으로써 유도하고

혹은 성문의 해탈문으로써 유도하며

혹은 독각의 청정문으로써 유도하고

혹은 대승의 자재문으로써 유도합니다.

혹은 무상한 중고문衆苦門으로써 유도하고

혹은 무아無我·무수자문無壽者門으로써 유도하며

혹은 부정不淨한 이욕문離欲門으로써 유도하고

혹은 멸진삼매문(滅盡定門)으로써 유도합니다.

모든 중생의 병이 같지 아니함을 따라서

다 진리의 약으로써 상대하여 다스리고

모든 중생의 마음에 좋아하는 바를 따라서

다 방편으로써 만족케 합니다.

모든 중생의 행동이 차별함을 따라서

다 선교방편으로써 성취케 하나니
이와 같은 삼매의 신통한 모습을
일체의 하늘과 인간이 능히 측량할 수 없습니다.

묘한 삼매가 있으니 이름이 수락입니다.
보살이 여기에 머물러 널리 관찰하고
마땅함을 따라 시현하여 중생을 제도하되
다 환희심자로 하여금 진리로 교화함을 따르게 합
니다.

세월(劫) 가운데 주리고 재난이 왔을 때에
세간의 모든 좋아할 기구를 다 주되
그들이 욕망하는 바를 따라서 다 하여금 만족케 하여
널리 중생을 위하여 요익을 짓습니다.

혹은 음식의 최상으로 좋은 맛과

보배 옷과 장엄 기구와 수많은 묘한 물건과

내지 왕위까지 다 능히 버려서

보시하기를 좋아하는 사람으로 하여금 다 교화함을

따르게 합니다.

혹은 삼십이상과 팔십종호로써 장엄한 몸과

최상으로 묘한 옷과 보배 영락과

화만으로 꾸미고 향으로 몸에 발라

위의를 구족하여 중생을 제도합니다.

일체 세간에 좋아하고 바라는 바인

색신의 모습과 얼굴과 그리고 의복을

응함을 따라 널리 그들의 마음에 맞게 나타내어

색신의 모습을 좋아하는 사람으로 하여금 다 도를

따르게 합니다.

가릉빈가의 아름답고 묘한 음성과

구지라 등 묘한 음성과

가지가지 범천의 음성을 다 구족하여

그들의 마음에 좋아함을 따라서 법을 설합니다.

팔만 사천 모든 법문이여

모든 부처님이 이것으로써 중생을 제도하거늘

저도 또한 그와 같이 차별한 법문으로써

세간에 마땅한 바를 따라 교화하여 제도합니다.

중생의 고·락과 이利·쇠衰 등과

일체 세간에 짓는 바 법을

다 능히 응대하여 나타내되 그 일을 같이하여

이것으로써 널리 모든 중생을 제도합니다.

일체 세간의 수많은 고통과 근심이

깊고도 넓어 끝이 없는 것이 큰 바다와 같거늘
저로 더불어 그 일을 같이하되 다 능히 참아
그 중생으로 하여금 이익케 하고 안락을 얻게 합니다.

만약 어떤 사람이 벗어나는 법을 알지 못하여
시끄러움을 떠나는 해탈을 구하지 않는다면
보살이 그 사람을 위하여 나라와 재물을 버리고
항상 즐겁게 출가하여 마음이 고요하기를 시현합
니다.

집은 탐욕과 애락이 얽혀 있는 처소이니
중생으로 하여금 다 면하여 떠나게 하고자 하기에
그런 까닭으로 출가하여 해탈을 얻어
모든 탐욕과 애락이 받을 바가 없는 것임을 시현합
니다.

보살이 열 가지 행을 행하며
또한 일체 대인의 법과
모든 선인의 행등을 다 남김없이 행함을 시현한 것은
중생을 요익케 하고자 하기 위한 까닭입니다.

만약 어떤 중생이 수명이 한량이 없으며
번뇌가 적고 즐거움만 구족하였다면
보살이 그 가운데 자재함을 얻어
늙고 병들고 죽는 수많은 근심 받는 것을 시현합니다.

혹 어떤 중생이 욕심내고 성내고 어리석어
번뇌의 맹렬한 불길이 항상 치성한다면
보살이 늙고 병들고 죽는 것을 나타내어
저 중생으로 하여금 다 조복케 합니다.

여래의 십력과 사무소외와

그리고 십팔불공법과

소유하신 한량없는 모든 공덕을

다 시현하여 중생을 제도합니다.

기심과 교계와 그리고 신족이

다 여래의 자재하신 작용이거늘

저 모든 대사가 다 시현하여

능히 중생으로 하여금 다 조복케 합니다.

보살이 가지가지 방편문으로

세간의 법을 따라 중생을 제도하는 것이

비유하자면 연꽃에 물이 묻지 않는 것과 같아서

이와 같이 세간에 있으면서 하여금 깊이 믿게 합니다.

맑은 생각과 깊은 재주는 문장 가운데 왕이요

노래와 춤과 말하는 것은 중생이 좋아하는 바이니

일체 세간에 수많은 기술을

비유하자면 요술쟁이가 나타내지 못함이 없는 것과

같습니다.

혹은 장자가 되기도, 읍성 가운데 주인이 되기도 하고

혹은 사는 사람이 되기도, 파는 사람의 인도자가 되기

도 하며

혹은 국왕이 되기도, 그리고 대신이 되기도 하고

혹은 좋은 의사가 되기도, 수많은 담론을 잘하는 사람

이 되기도 합니다.

혹은 광야에 큰 나무가 되기도 하고

혹은 좋은 약이 되기도, 수많은 보배 창고가 되기도

하며

혹은 보배 구슬이 되어 구하는 바를 따르고

혹은 바른 길로써 중생에게 보이기도 합니다.

만약 세계가 처음 성립될 때에
중생이 아직 자신을 도우는 기구가 없음을 본다면
이때에 보살이 공장工匠이 되어
그 중생을 위하여 가지가지 업을 시현합니다.

중생을 핍박하고 뇌롭게 하는 물건은 만들지 말고
다만 세간을 이익케 하는 일만 말하며
주술과 약초 등 수많은 논리인
이와 같이 소유한 것도 다 능히 말합니다.

일체 선인의 수승한 행을
사람과 하늘 등의 무리가 다 같이 신앙한다면
이와 같이 행하기 어려운 고행의 법을
보살은 응대함을 따라 다 능히 합니다.

혹은 외도의 출가한 사람이 되기도 하고

혹은 산림에 있으면서 스스로 부지런히 고행하기도
하며
혹은 형체를 드러내어 의복이 없게도 하여
저 대중에게 스승과 존장이 되기도 합니다.

혹은 사명邪命의 가지가지 행을 나타내어
비법非法을 익혀 행함으로써 수승함을 삼기도 하며
혹은 범지의 모든 위의를 나타내어
저 대중에게 상수가 되기도 합니다.

혹은 오열五熱을 받아 태양을 따라 구르기도 하고
혹은 우계牛戒와 구계狗戒와 그리고 녹계鹿戒를 가지기
도 하며
혹은 헤진 옷을 입고 불을 받들어 섬기기도 하여
이런 사람 등을 교화하기 위하여 도사가 되기도 합
니다.

혹 어떤 때는 모든 하늘의 사당을 배알함을 시현하기
도 하고
혹은 다시 항하 강물에 들어감을 시현하기도 하며
나물 뿌리와 나무 과실을 먹는 등에 다 수행을 시현하
기도 하여
저 대중에게 항상 자기의 수승한 법을 생각케도 합
니다.

혹은 쭈그리고 앉음을 나타내기도 하고 혹은 발을
들기도 하며
혹은 풀숲이나 가시덤불에 눕기도 하고 그리고 재를
뒤집어쓰기도 하며
혹은 다시 절굿공이에 누워 벗어남을 구하기도 하여
저 대중에게 으뜸가는 스승이 되기도 합니다.

이와 같은 등 무리의 모든 외도에게

그들의 마음에 아는 것을 관찰하여 더불어 같이 일을

하되

시연한 바 고행에 세상 사람들이 감당할 수 없는

것을

저 외도로 하여금 보게 한 뒤에 다 조복케 합니다.

중생이 미혹하여 외도의 삿된 가르침을 품 받아

나쁜 소견에 머물러 수많은 고통을 받는다면

그들을 위하여 방편으로 묘법을 설하여

다 하여금 진실한 진리를 얻어 알게 합니다.

혹은 변방의 주문 말로 사제를 설하기도 하고

혹은 좋은 비밀 말로 사제를 설하기도 하며

혹은 사람의 곧은 말로 사제를 설하기도 하고

혹은 하늘의 비밀 말로 사제를 설하기도 합니다.

분별하는 문자로 사제를 설하기도 하고
결정된 의리로 사제를 설하기도 하며
다른 사람을 잘 깨뜨리는 말로 사제를 설하기도 하고
외도에게 동요하는 바가 되지 않는 말로 사제를 설하기도 합니다.

혹은 팔부신장의 말로 사제를 설하기도 하고
혹은 일체 말로 사제를 설하기도 하며
저들이 아는 바 말소리를 따라서
사제를 설하기도 하여 하여금 해탈케 합니다.

소유한 일체 모든 불법을
다 이와 같이 설하기를 다하지 아니함이 없이 하여
말의 경계가 사의할 수 없음을 알게 하시니
이것이 이름이 설법삼매의 힘입니다.

현수품②

수승한 삼매가 있나니 이름이 안락安樂입니다.
능히 널리 모든 중생을 구원하여 제도하며
큰 광명의 사의할 수 없는 빛을 놓아
그 빛을 보는 사람으로 하여금 다 조복케 합니다.

놓은 바 광명은 이름이 선현善現입니다.
만약 어떤 중생이라도 이 광명을 만난다면
반드시 하여금 이익을 얻게 하여 헛되이 버리지 않고
이것을 인하여 더 이상 없는 지혜를 이룸을 얻게
할 것입니다.

저가 먼저 모든 부처님을 시현하고

부처님의 법을 시현하고 스님을 시현하고 바른 길을
시현하며
또한 불탑과 그리고 부처님의 형상을 시현하였기에
이런 까닭으로 이 광명을 이룸을 얻었습니다.

또 광명을 놓으니 이름이 조요照耀입니다.
일체 모든 하늘의 광명이 비침을 가리며
있는 바 어둠의 장애를 제멸하지 아니함이 없어서
널리 중생을 위하여 요익을 짓습니다.

이 광명이 일체중생을 깨닫게 하여
하여금 밝은 등불을 잡아 부처님께 공양하게 하나니
등불로 모든 부처님께 공양한 까닭으로
세상 가운데 더 이상 없는 등불을 이룸을 얻었습니다.

모든 기름 등불과 그리고 차조기 기름 등불을 켜고

또한 가지가지 모든 밝은 횃불과

수많은 향과 묘한 약과 최고 좋은 보배 촛불을 켜서

이것으로써 부처님께 공양하였기에 이 광명을 얻었

습니다.

또 광명을 놓으니 이름이 제도濟度입니다.

이 광명이 능히 일체중생을 깨닫게 하여

그 중생으로 하여금 널리 큰 서원의 마음을 일으켜

욕망의 바다에 모든 중생을 제도하여 해탈케 합니다.

만약 능히 널리 큰 서원의 마음을 일으켜

욕망의 바다에 모든 중생을 제도하여 해탈케 한다면

곧 능히 네 가지 폭류를 넘어

근심 없는 해탈의 성에 인도함을 시현할 것입니다.

모든 다니는 길의 큰물이 흐르는 곳에

다리와 그리고 배와 뗏목을 만들어 세우되

유위법을 헐뜯고 적멸법을 칭찬하였기에

이런 까닭으로 이 광명을 이룸을 얻었습니다.

또 광명을 놓으니 이름이 멸애滅愛입니다.

이 광명이 능히 일체중생을 깨닫게 하여

그 중생으로 하여금 오욕을 버리고 떠나

오로지 해탈의 묘한 법맛을 생각케 합니다.

만약 능히 오욕을 버리고 떠나

오로지 해탈의 묘한 법맛을 생각한다면

곧 능히 부처님이 감로의 비로써

널리 세간에 모든 애욕의 갈증을 소멸할 것입니다.

못과 우물과 그리고 샘의 흐름을 은혜롭게 보시하고

더 이상 없는 보리의 도를 오로지 구하되

오욕을 헐뜯고 선정을 칭찬하였기에
이런 까닭으로 이 광명을 이룸을 얻었습니다.

또 광명을 놓으니 이름이 환희歡喜입니다.
이 광명이 능히 일체중생을 깨닫게 하여
그 중생으로 하여금 부처님의 보리를 사랑하고 사모
하여
발심하여 스승 없는 도(無師道)를 서원코 증득케 합
니다.

여래의 대비大悲하신 형상을 만들어
수많은 모습으로 장엄하여 연화좌에 앉히고
항상 가장 수승한 모든 공덕을 찬탄하였기에
이런 까닭으로 이 광명을 이룸을 얻었습니다.

또 광명을 놓으니 이름이 애락愛樂입니다.

이 광명이 능히 일체중생을 깨닫게 하여
그 중생으로 하여금 모든 부처님을 좋아하며
그리고 법을 좋아하고 수많은 스님을 좋아하게 합
니다.

만약 항상 마음에 모든 부처님을 좋아하며
그리고 법을 좋아하고 수많은 스님을 좋아한다면
곧 여래의 대중이 모인 가운데 있으면서
더 이상 없는 깊은 법인을 건립할 것입니다.

중생을 열어 깨닫게 하기를 한량없이 하여
널리 하여금 불·법·승 삼보를 생각케 하며
그리고 발심한 공덕의 행을 시현하였기에
이런 까닭으로 이 광명을 이룸을 얻었습니다.

또 광명을 놓으니 이름이 복취福聚입니다.

이 광명이 능히 일체중생을 깨닫게 하여

하여금 가지가지 한량없는 보시를 행하여

이것으로써 더 이상 없는 도를 서원코 구하게 합니다.

큰 시회施會를 베풀되 막거나 한계가 없이 하고

와서 구하는 사람이 있으면 다 만족케 하여

그 사람으로 하여금 마음에 궁핍한 바가 있지 않게 하였기에

이런 까닭으로 이 광명을 이룸을 얻었습니다.

또 광명을 놓으니 이름이 구지具智입니다.

이 광명이 능히 일체중생을 깨닫게 하여

하여금 한 법과 한 생각 가운데

다 한량없는 모든 법문을 알게 합니다.

모든 중생을 위하여 법을 분별하고

그리고 진실한 뜻을 결정코 요달하며

법의 뜻을 잘 설하여 이지러지거나 모자람이 없이

하였기에

이런 까닭으로 이 광명을 이룸을 얻었습니다.

또 광명을 놓으니 이름이 혜등慧燈입니다.

이 광명이 능히 일체중생을 깨닫게 하여

하여금 중생의 심성이 공적하고

일체 모든 법이 있는 바가 없는 줄 알게 합니다.

모든 법이 공하여 주체가 없는 것이

마치 환상과 같고 불꽃과 같고 물 가운데 달과 같으며

내지 비유하자면 꿈과 같고 영상과 같은 줄 연설하였

기에

이런 까닭으로 이 광명을 이룸을 얻었습니다.

또 광명을 놓으니 이름이 법자재法自在입니다.

이 광명이 능히 일체중생을 깨닫게 하여

하여금 끝없는 다라니를 얻어

일체 모든 불법을 다 가지게 합니다.

불법을 가진 사람을 공경하고 공양하며

모든 성인과 현인을 모시고 수호하며

가지가지 법으로 중생에게 보시하였기에

이런 까닭으로 이 광명을 이룸을 얻었습니다.

또 광명을 놓으니 이름이 능사能捨입니다.

이 광명이 아끼는 중생을 깨닫게 하여

하여금 재물과 보배가 다 영원하지 않는 줄 알아

항상 즐겁게 은혜로이 보시하되 마음에 집착이 없게

합니다.

아끼는 마음은 조복하기 어렵지만 능히 조복하고
재물은 꿈과 같고 뜬구름과 같은 줄 알아
은혜로이 보시하는 청정한 마음을 증장하였기에
이런 까닭으로 이 광명을 이룸을 얻었습니다.

또 광명을 놓으니 이름이 제열除熱입니다.
이 광명이 능히 금계를 훼손하는 사람을 깨닫게 하여
널리 하여금 청정한 계를 받아 가져
발심하여 스승 없는 도를 서원코 증득케 합니다.

중생을 타일러 인도하여 계를 받아 가져
십선업도十善業道를 다 청정케 하며
또 하여금 보리에 향하는 마음을 일으키게 하였기에
이런 까닭으로 이 광명을 이룸을 얻었습니다.

또 광명을 놓으니 이름이 인엄忍嚴입니다.

이 광명이 성내는 사람을 깨닫게 하여
저 사람으로 하여금 성냄을 제멸하고 아만을 떠나
항상 인욕의 유화한 법을 즐기게 합니다.

중생의 난폭하고 악독함을 가히 참기 어렵지만
보리를 위한 까닭으로 마음은 움직이지 않고
항상 인욕의 공덕을 칭양하기를 좋아하였기에
이런 까닭으로 이 광명을 이룸을 얻었습니다.

또 광명을 놓으니 이름이 용맹勇猛입니다.
이 광명이 게으른 사람을 깨닫게 하여
저 사람으로 하여금 항상 삼보 가운데
공경하고 공양하지만 피곤하거나 싫어함이 없게 합
니다.

만약 저 게으른 사람이 항상 삼보 가운데

공경하고 공양하지만 피곤하거나 싫어함이 없다면
곧 능히 사마四魔의 경계를 뛰어나
속히 더 이상 없는 보리를 이룰 것입니다.

중생을 따라 교화하여 하여금 정진케 하고
항상 부지런히 삼보를 공양하여
법이 사라지고자 할 때에 오로지 수호하였기에
이런 까닭으로 이 광명을 이룸을 얻었습니다.

또 광명을 놓으니 이름이 적정寂靜입니다.
이 광명이 능히 산란한 마음을 가진 사람을 깨닫게
하여
그 사람으로 하여금 탐내고 성내고 어리석음을 멀리
떠나
마음이 동요하지 않고 바른 선정에 들게 합니다.

일체 악지식의

의리 없는 말과 잡되고 오염된 행을 버려 떠나고

선정과 아란야를 찬탄하였기에

이런 까닭으로 이 광명을 이룸을 얻었습니다.

또 광명을 놓으니 이름이 혜엄慧嚴입니다.

이 광명이 어리석고 미혹한 사람을 깨닫게 하여

그 사람으로 하여금 사제를 증득하고 십이연기를

알아

제근諸根의 지혜를 다 통달케 합니다.

만약 능히 사제를 증득하고 십이연기를 알아

제근의 지혜를 다 통달한다면

곧 일등日燈의 삼매법을 얻어

지혜의 광명으로 불과를 이룰 것입니다.

나라와 재물과 그리고 자기를 다 능히 버리고
보리를 위한 까닭으로 정법을 구하여
들은 이후에 오로지 부지런히 중생을 위하여 설하였
기에
이런 까닭으로 이 광명을 이룸을 얻었습니다.

또 광명을 놓으니 이름이 불혜佛慧입니다.
이 광명이 모든 함식을 깨닫게 하여
하여금 한량도 없고 끝도 없는 부처님이
각각 보배 연꽃 위에 앉아 있음을 보게 합니다.

부처님의 위덕과 그리고 해탈을 찬탄하고
부처님의 자재自在가 한량이 없음을 설하여
부처님의 힘과 그리고 신통을 현시하였기에
이런 까닭으로 이 광명을 이룸을 얻었습니다.

또 광명을 놓으니 이름이 무외無畏입니다.

이 광명이 두려워하는 사람을 비추어

사람이 아닌 무리가 가진 바 모든 독해인

일체를 다 하여금 빨리 제멸케 합니다.

능히 중생에게 무외시를 베풀되

뇌로움이 있고 해로움이 있는 사람을 만나면 다 따라

그치게 하며

액난과 고독과 궁핍함이 있는 사람을 만나면 다 건져

제도하였기에

이것으로써 이 광명을 이룸을 얻었습니다.

또 광명을 놓으니 이름이 안은安隱입니다.

이 광명이 능히 병든 사람을 비추어

하여금 일체 모든 고통을 제멸하여

다 바른 선정삼매의 즐거움을 얻게 합니다.

좋은 약을 보시하여 중생의 병환을 구하며
묘한 보배로 생명을 연장하고 향을 몸에 바르며
수락과 기름과 젖과 꿀을 음식으로 충당하였기에
이것으로써 이 광명을 이룸을 얻었습니다.

또 광명을 놓으니 이름이 견불見佛입니다.
이 광명이 장차 죽을 사람을 깨닫게 하여
하여금 기억하고 생각함을 따라 여래를 보아
목숨이 마침에 그 정토에 태어남을 얻게 합니다.

임종을 맞이하는 사람이 있음을 보면 염불을 권하고
또 세존의 형상을 시현하여 하여금 우러러 공경케
하며
하여금 부처님의 처소에 깊이 돌아가 우러르게 하였
기에
이런 까닭으로 이 광명을 이룸을 얻었습니다.

또 광명을 놓으니 이름이 요법樂法입니다.
이 광명이 능히 일체중생을 깨닫게 하여
하여금 정법을 항상 기뻐하고 좋아하여
듣고 연설하고 그리고 쓰게 합니다.

법이 다하고자 할 때에 능히 연설하여
법을 구하는 사람으로 하여금 뜻을 만족케 하여
법을 사랑하고 좋아하여 부지런히 수행케 하였기에
이런 까닭으로 이 광명을 이룸을 얻었습니다.

또 광명을 놓으니 이름이 묘음妙音입니다.
이 광명이 모든 보살을 깨닫게 하여
능히 삼계에 있는 바 소리로 하여금
듣는 것이 다 이 여래의 소리이게 합니다.

큰 음성으로 부처님을 칭찬하며

그리고 요령과 목탁과 모든 음악을 베풀어

널리 세간으로 하여금 부처님의 음성을 듣게 하였

기에

이런 까닭으로 이 광명을 이룸을 얻었습니다.

또 광명을 놓으니 이름이 감로甘露입니다.

이 광명이 일체중생을 열어 깨닫게 하여

하여금 일체 방일의 행을 버리고

모든 공덕을 갖추어 닦게 합니다.

유위법은 안은한 법이 아니니

한량없는 고뇌가 다 충변充遍하다 말하고

항상 적멸락을 칭양하기를 좋아하였기에

이런 까닭으로 이 광명을 이룸을 얻었습니다.

또 광명을 놓으니 이름이 최승最勝입니다.

이 광명이 일체중생을 열어 깨닫게 하여

하여금 부처님의 처소에서

계와 정과 지혜의 증상법을 널리 듣게 합니다.

항상 일체 부처님의

수승한 계와 수승한 정과 수승한 지혜를 칭양하기를

좋아하여

이와 같이 더 이상 없는 도를 구하였기에

이런 까닭으로 이 광명을 이룸을 얻었습니다.

또 광명을 놓으니 이름이 보엄寶嚴입니다.

이 광명이 능히 일체중생을 깨닫게 하여

하여금 보배 창고 얻기를 다함이 없이 하여

이것으로써 모든 여래에게 공양케 합니다.

모든 가지가지 최상의 묘한 보배로써

부처님과 그리고 부처님의 탑에 받들어 보시하고

또한 모든 빈궁하고 궁핍한 사람에게 은혜로이 보시

하였기에

이런 까닭으로 이 광명을 이룸을 얻었습니다.

또 광명을 놓으니 이름이 향엄香嚴입니다.

이 광명이 능히 일체중생을 깨닫게 하여

그 듣는 사람으로 하여금 마음을 기쁘게 하여

결정코 마땅히 부처님의 공덕을 이루게 합니다.

인간과 천상의 묘한 향으로 땅에 발라

일체 최승왕에게 공양하고

또한 탑과 그리고 불상을 조성하였기에

이런 까닭으로 이 광명을 이룸을 얻었습니다.

또 광명을 놓으니 이름이 잡장엄雜莊嚴입니다.

보배 당기와 번과 일산을 수없이 장엄하고
향을 사르고 꽃을 흩고 수많은 음악을 연주하여
성과 읍의 안과 밖에 다 충만케 합니다.

본래 미묘한 기악妓樂의 음악과
수많은 향과 미묘한 꽃과 당기와 일산 등으로
가지가지로 장엄하여 부처님께 공양하였기에
이런 까닭으로 이 광명을 이룸을 얻었습니다.

또 광명을 놓으니 이름이 엄결嚴潔입니다.
땅으로 하여금 평탄케 하기를 비유하자면 손바닥과
같이 하여
불탑과 그리고 그곳을 장엄하였기에
이런 까닭으로 이 광명을 이룸을 얻었습니다.

또 광명을 놓으니 이름이 대운大雲입니다.

124

능히 향의 구름을 일으켜 향수를 비 내려

향수로 불탑과 그리고 정원을 깨끗이 하였기에

이런 까닭으로 이 광명을 이룸을 얻었습니다.

또 광명을 놓으니 이름이 엄구嚴具입니다.

벗은 사람으로 하여금 최상의 옷을 얻게 하고

몸을 장엄하는 묘한 물건을 보시하였기에

이런 까닭으로 이 광명을 이룸을 얻었습니다.

또 광명을 놓으니 이름이 상미上味입니다.

능히 굶주린 사람으로 하여금 맛있는 음식을 얻게

하고

가지가지 진수성찬으로 보시하였기에

이런 까닭으로 이 광명을 이룸을 얻었습니다.

또 광명을 놓으니 이름이 대재大財입니다.

빈궁하고 궁핍한 사람으로 하여금 보배 창고를 얻게
하고
끝없는 물건으로써 삼보에게 보시하였기에
이런 까닭으로 이 광명을 이룸을 얻었습니다.

또 광명을 놓으니 이름이 안청정眼清淨입니다.
능히 눈이 어두운 사람으로 하여금 수많은 색을 보게
하고
등불로 부처님과 그리고 불탑에 보시하였기에
이런 까닭으로 이 광명을 이룸을 얻었습니다.

또 광명을 놓으니 이름이 이청정耳清淨입니다.
능히 귀가 먼 사람으로 하여금 다 잘 듣게 하고
고악鼓樂으로 부처님과 그리고 불탑을 즐겁게 하였
기에
이런 까닭으로 이 광명을 이룸을 얻었습니다.

또 광명을 놓으니 이름이 비청정鼻淸淨입니다.
옛날에 맡지 못한 향기를 다 맡음을 얻고
향으로 부처님과 그리고 불탑에 보시하였기에
이런 까닭으로 이 광명을 이룸을 얻었습니다.

또 광명을 놓으니 이름이 설청정舌淸淨입니다.
능히 아름다운 음성으로 부처님을 칭찬하고
영원히 추악하고 좋지 못한 말을 제멸하였기에
이런 까닭으로 이 광명을 이룸을 얻었습니다.

또 광명을 놓으니 이름이 신청정身淸淨입니다.
육근이 이지러진 사람으로 하여금 구족하게 하고
몸으로 부처님과 그리고 불탑에 예배하였기에
이런 까닭으로 이 광명을 이룸을 얻었습니다.

또 광명을 놓으니 이름이 의청정意淸淨입니다.

실심失心한 사람으로 하여금 바른 생각을 얻게 하고

삼매를 수행하기를 다 자재롭게 하였기에

이런 까닭으로 이 광명을 이룸을 얻었습니다.

또 광명을 놓으니 이름이 색청정色淸淨입니다.

하여금 사의하기 어려운 모든 부처님의 색상을 보게
하고

수많은 묘한 색상으로 탑을 장엄하였기에

이런 까닭으로 이 광명을 이룸을 얻었습니다.

또 광명을 놓으니 이름이 성청정聲淸淨입니다.

하여금 소리의 자성이 본래 공적한 줄 알게 하고

소리의 연기가 골짜기의 메아리와 같은 줄 관찰하였
기에

이런 까닭으로 이 광명을 이룸을 얻었습니다.

또 광명을 놓으니 이름이 향청정香淸淨입니다.
모든 더러운 냄새로 하여금 다 향기처럼 맑게 하고
향수로 탑과 보리수를 깨끗하게 하였기에
이런 까닭으로 이 광명을 이룸을 얻었습니다.

또 광명을 놓으니 이름이 미청정味淸淨입니다.
능히 일체의 맛 가운데 독을 제거하고
항상 부처님과 스님과 그리고 부모에게 공양하였
기에
이런 까닭으로 이 광명을 이룸을 얻었습니다.

또 광명을 놓으니 이름이 촉청정觸淸淨입니다.
능히 나쁜 촉감으로 하여금 다 부드럽게 하고
창과 작은 창과 칼과 미륵창이 허공으로 좇아 비
내려도
다 하여금 변하여 묘한 꽃다발을 짓게 합니다.

옛날에 일찍이 도로 가운데

향을 바르고 꽃을 흩고 의복을 펴서

여래를 맞이하고 배웅하되 하여금 그 위를 밟게 하였

기에

이런 까닭으로 지금에 광명을 얻은 것이 이와 같습

니다.

또 광명을 놓으니 이름이 법청정法清淨입니다.

능히 일체 모든 털구멍으로 하여금

다 묘법의 사의할 수 없음을 연설하여

중생이 듣는 자는 다 기쁜 마음으로 깨닫게 합니다.

인연으로 생겨난 바는 난 것이 아니고

모든 부처님의 법신은 이 몸이 아니며

법의 자성은 항상 머물러 허공과 같나니

그 뜻을 설하였기에 광명이 이와 같습니다.

이와 같이 비등한 광명문이
항하강의 모래 한없는 수와 같나니
다 대선大仙의 털구멍으로 좇아 나와
낱낱이 업을 짓는 것이 각각 차별합니다.

마치 한 털구멍에서 놓은 바 광명이
한량도 없고 수도 없어 항하강의 모래와 같다고 한
것과 같아서
일체 털구멍에서 놓은 바 광명도 다 또한 그러하나니
이것은 이 대선의 삼매의 힘입니다.

그 본행本行과 같이 얻은 바 광명이
저 숙세의 인연과 함께 수행한 사람을 따라
지금에 광명을 놓기에 그런 까닭으로 이와 같나니
이것은 이 대선의 지혜가 자재한 것입니다.

왕석에 복업을 함께 닦았으며

그리고 사랑하고 좋아함이 있어서 능히 따라 기뻐하

였으며

그가 지은 바를 보는 것도 또한 다시 그렇게 하였기에

저 사람이 이 광명을 다 봄을 얻었습니다.

만약 어떤 사람이 스스로 수많은 복업을 닦으며

모든 부처님께 수없이 공양하며

부처님의 공덕을 항상 서원코 구하려 한다면

이 사람은 이 광명으로 열어 깨달을 바일 것입니다.

비유하자면 생맹生盲이 태양을 보지 못하지만

태양이 세간에 나온 적이 없지 않아서

모든 눈 있는 사람은 다 밝게 보아

각각 힘쓸 바를 따라서 그 업을 닦는 것과 같습니다.

대사의 밝은 광명도 또한 이와 같아서
지혜가 있는 사람은 다 볼 수 있지만
범부와 삿되게 믿는 사람과 하열하게 아는 사람은
이 광명을 능히 볼 수 없습니다.

마니궁전과 그리고 임금이 타는 수레를
묘한 보배와 신령한 향으로 바르고 비추나니
복덕이 있는 사람은 자연히 갖출 수 있지만
복덕이 없는 사람은 능히 거처할 바가 아닙니다.

대사의 광명도 또한 이와 같아서
깊은 지혜가 있는 사람은 다 비춤을 보지만
삿되게 믿는 사람과 하열하게 아는 사람과 범부의
어리석은 사람은
능히 이 광명을 볼 수 없습니다.

만약 어떤 사람이 이 광명이 차별하다고 함을 듣고

능히 청정하고 깊은 믿음과 지혜를 낸다면

영원히 일체 모든 의심의 그물을 끊어

속히 더 이상 없는 공덕의 당기를 이룰 것입니다.

수승한 삼매가 있어 능히 출현하니

권속 장엄도 다 자재하며

일체 시방의 모든 국토에

불자들의 모인 대중이 짝할 사람이 없습니다.

묘한 연꽃이 있어 광명으로 장엄하되

양이 삼천대천세계와 같거든

그 몸이 단정히 앉아 다 충만하나니

이것은 이 삼매에 신통의 힘입니다.

다시 열 부처님 세계의 작은 티끌 수만치 많은

묘호한 연꽃이 있어 에워싼 곳에
모든 불자 대중이 그 가운데 앉아 있나니
이 삼매에 머문 위신력입니다.

숙세에 좋은 인연을 성취하고
부처님의 공덕을 갖추어 수행한
이런 등의 중생이 보살을 에워싸고
다 함께 합장하여 관찰하되 싫어함이 없습니다.

비유하자면 밝은 달이 별 가운데 있는 것과 같아서
보살이 대중 가운데 있는 것도 또한 다시 그러하거든
대사가 행하는 바 법이 이와 같나니
이 삼매에 들어간 위신력입니다.

한 방위에서 시현한 바의
모든 불자 대중이 함께 에워싼 것과 같아서

일제 방위 가운데서도 다 이와 같이 하나니
이 삼매에 머문 위신력입니다.

수승한 삼매가 있나니 이름이 방망方網입니다.
보살이 여기에 머물러 널리 열어 보여
일체 방위 가운데 널리 몸을 나타내되
혹은 삼매에 들어감을 나타내기도 혹은 좇아 나옴을
나타내기도 합니다.

혹은 동방에서 정정正定에 들어가
서방에서 정정으로 좇아 나오기도 하며
혹은 서방에서 정정에 들어가
동방에서 정정으로 좇아 나오기도 합니다.

혹은 나머지 방위에서 정정에 들어가
나머지 방위에서 정정으로 좇아 나오기도 하며

이와 같이 입출入出하기를 시방에 두루하게 하나니
이것이 이름이 보살의 삼매력입니다.

모든 동방의 모든 국토에
계시는 바 여래가 수도 없고 한량도 없거든
다 그 앞에 나타나 널리 친근하여
삼매에 머물러 고요히 움직이지 않고

서방의 모든 세계에
일체 모든 부처님 여래의 처소에서
다 삼매를 좇아 일어나
널리 한량없는 모든 공양 닦음을 시현합니다.

모든 서방의 모든 국토에
계시는 바 여래가 한량도 없고 수도 없거든
다 그 앞에 나타나 널리 친근하여

삼매에 머물러 고요히 움직이지 않고

동방의 모든 세계에
일체 모든 부처님 여래의 처소에서
다 삼매로 좇아 일어나
널리 한량없는 모든 공양 닦음을 시현합니다.

이와 같이 시방의 모든 세계에
보살이 다 남김없이 삼매에 들어가
혹은 삼매에서 고요히 움직이지 아니함을 나타내기
도 하며
혹은 부처님께 공경하고 공경함을 나타내기도 합
니다.

안근 가운데서 정정에 들어가
색진 가운데서 정정으로 좇아 나오되

색진의 자성이 불가사의함을 시현하나니

일체 하늘과 사람들이 능히 알 수 없습니다.

색진 가운데서 정정에 들어가

안근 가운데서 정정으로 좇아 일어나오되 마음이

산란하지 않아

안근이 난 적도 없고 일어난 적도 없으며

안근의 자성이 공하고 적멸하여 지을 바가 없음을

설합니다.

이근 가운데서 정정에 들어가

성진 가운데서 정정으로 좇아 나오되

일체 말소리를 분별하나니

모든 하늘과 세상 사람들이 능히 알 수 없습니다.

성진 가운데서 정정에 들어가

이근 가운데서 정정으로 좇아 일어나오되 마음이
산란하지 않아
이근이 난 적도 없고 일어난 적도 없으며
이근의 자성이 공하고 적멸하여 지을 바가 없음을
설합니다.

비근 가운데서 정정에 들어가
향진 가운데서 정정으로 좇아 나오되
널리 일체 최상의 묘한 향을 얻나니
모든 하늘과 세상 사람들이 능히 알 수 없습니다.

향진 가운데서 정정에 들어가
비근 가운데서 정정으로 좇아 일어나오되 마음이
산란하지 않아
비근이 난 적도 없고 일어난 적도 없으며
비근의 자성이 공하고 적멸하여 지을 바가 없음을

설합니다.

설근 가운데서 정정에 들어가
미진 가운데서 정정으로 좇아 나오되
널리 일체 모든 최상의 맛을 얻나니
모든 하늘과 세상 사람들이 능히 알 수 없습니다.

미진 가운데서 정정에 들어가
설근 가운데서 정정으로 좇아 일어나오되 마음이
산란하지 않아
설근이 난 적도 없고 일어난 적도 없으며
설근의 자성이 공하고 적멸하여 지을 바가 없음을
설합니다.

신근 가운데서 정정에 들어가
촉진 가운데서 정정으로 좇아 나오되

잘 능히 일체 촉경을 분별하나니
모든 하늘과 세상 사람들이 능히 알 수 없습니다.

촉진 가운데서 정정에 들어가
신근 가운데서 정정으로 좇아 일어나오되 마음이
산란하지 않아
신근이 난 적도 없고 일어난 적도 없으며
신근의 자성이 공하고 적멸하여 지을 바가 없음을
설합니다.

의근 가운데서 정정에 들어가
법진 가운데서 정정으로 좇아 나오되
일체 모든 법상을 분별하나니
모든 하늘과 세상 사람들이 능히 알 수 없습니다.

법진 가운데서 정정에 들어가

의근 가운데서 정정으로 좇아 일어나오되 마음이
산란하지 않아
의근이 난 적도 없고 일어난 적도 없으며
의근의 자성이 공하고 적멸하여 지을 바가 없음을
설합니다.

동자의 몸 가운데서 정정에 들어가
장년의 몸 가운데서 정정으로 좇아 나오고
장년의 몸 가운데서 정정에 들어가
노년의 몸 가운데서 정정으로 좇아 나옵니다.

노년의 몸 가운데서 정정에 들어가
선녀의 몸 가운데서 정정으로 좇아 나오고
선녀의 몸 가운데서 정정에 들어가
선남의 몸 가운데서 정정으로 좇아 나옵니다.

선남의 몸 가운데서 정정에 들어가

비구니의 몸 가운데서 정정으로 좇아 나오고

비구니의 몸 가운데서 정정에 들어가

비구의 몸 가운데서 정정으로 좇아 나옵니다.

비구의 몸 가운데서 정정에 들어가

유학과 무학의 몸 가운데서 정정으로 좇아 나오고

유학과 무학의 몸 가운데서 정정에 들어가

벽지불의 몸 가운데서 정정으로 좇아 나옵니다.

벽지불의 몸 가운데서 정정에 들어가

현재 여래의 몸 가운데서 정정으로 좇아 나오고

여래의 몸 가운데서 정정에 들어가

모든 하늘의 몸 가운데서 정정으로 좇아 나옵니다.

모든 하늘의 몸 가운데서 정정에 들어가

큰 용의 몸 가운데서 정정으로 좇아 나오고

큰 용의 몸 가운데서 정정에 들어가

야차의 몸 가운데서 정정으로 좇아 나옵니다.

야차의 몸 가운데서 정정에 들어가

귀신의 몸 가운데서 정정으로 좇아 나오고

귀신의 몸 가운데서 정정에 들어가

한 털구멍 가운데서 정정으로 좇아 나옵니다.

한 털구멍 가운데서 정정에 들어가

일체 털구멍 가운데서 정정으로 좇아 나오고

일체 털구멍 가운데서 정정에 들어가

한 털끝 가운데서 정정으로 좇아 나옵니다.

한 털끝 가운데서 정정에 들어가

한 작은 티끌 가운데서 정정으로 좇아 나오고

한 작은 티끌 가운데서 정정에 들어가
일체 티끌 가운데서 정정으로 좇아 나옵니다.

일체 티끌 가운데서 정정에 들어가
금강지 가운데서 정정으로 좇아 나오고
금강지 가운데서 정정에 들어가
마니 나무 위에서 정정으로 좇아 나옵니다.

마니 나무 위에서 정정에 들어가
부처님의 광명 가운데서 정정으로 좇아 나오고
부처님의 광명 가운데서 정정에 들어가
강과 바다 가운데서 정정으로 좇아 나옵니다.

강과 바다 가운데서 정정에 들어가
화대火大 가운데서 정정으로 좇아 나오고
화대 가운데서 정정에 들어가

146

풍대 가운데서 정정으로 좇아 일어나오되 마음이
산란하지 않습니다.

풍대 가운데서 정정에 들어가
지대 가운데서 정정으로 좇아 나오고
지대 가운데서 정정에 들어가
하늘 궁전에서 정정으로 좇아 나옵니다.

하늘 궁전에서 정정에 들어가
허공 가운데서 정정으로 좇아 일어나오되 마음이
산란하지 않습니다.

이것을 이름하여 한량없는 공덕자의
정정(三昧)이 자재하여 사의하기 어려운 것이라 하
나니
시방의 일체 모든 여래가

한량없는 세월에 설하여도 다 설할 수 없습니다.

일체 여래가 다 함께 말씀하시기를
중생의 업보는 사의하기 어려우며
모든 용들의 변화와 부처님의 자재와
보살의 신통력도 또한 사의하기 어렵습니다.

비유로써 현시하고자 한다면
마침내 비유로는 능히 이것을 비유할 수 없나니
그러나 모든 지혜롭고 총명하고 통달한 사람은
비유를 인한 까닭으로 그 뜻을 압니다.

성문은 마음이 팔해탈에 머물러도
소유한 신통 변현이 다 자재하여
능히 한 몸으로써 많은 몸을 나타내고
다시 많은 몸으로써 한 몸을 삼습니다.

허공 가운데서 화정火定에 들어가고

가거나 머물거나 앉거나 눕거나 다 허공에 있으며

몸 위에서 물을 내고 몸 아래서 불을 내며

몸 위에서 불을 내고 몸 아래서 물을 냅니다.

이와 같이 다 한 생각 가운데

가지가지 자재한 것이 끝도 한량도 없나니

저 성문은 큰 자비를 구족하지도 않았고

중생을 위하여 불도를 구하지도 않았지만

오히려 능히 이런 사의하기 어려운 일을 나타내었
거든

하물며 크게 요익케 하는 자재한 힘이겠습니까.

비유하자면 해와 달이 허공을 유행함에

그 영상이 널리 시방에 두루하여

샘과 못과 저수지와 그릇 가운데 물과
수많은 보배와 강과 바다에 나타나지 아니함이 없는
것과 같아서

보살의 색상도 또한 다시 그러하여
시방에 널리 나타나되 불가사의합니다.
이것은 다 삼매의 자재한 법이니
오직 여래만이 능히 증득하여 요달함이 있을 뿐입
니다.

마치 맑은 물 가운데 사병의 영상이
각각 달라 서로 섞이지 아니하여
칼과 창과 활과 화살의 종류가 매우 많고
갑옷과 투구와 수레와 가마가 한 종류가 아니거든

그들이 소유한 형상의 차별을 따라서

다 물 가운데 나타나지 아니함이 없지만
물은 본래부터 스스로 분별이 없는 것과 같아서
보살의 삼매도 또한 이와 같습니다.

바다 가운데 신이 있나니 이름이 선음입니다.
그 음성이 널리 고해 중생을 수순하고
소유한 말들을 다 분별하여 알아
저 일체중생으로 하여금 다 기쁘게 합니다.

저 신이 탐욕과 성냄과 어리석음을 갖추고 있지만
오히려 능히 일체 음성을 잘 알거든
하물며 다시 다라니의 자재한 힘이
능히 중생으로 하여금 환희케 하지 못하겠습니까.

한 부인이 있나니 이름이 변재입니다.
부모가 하늘에 구하여 태어남을 얻었으니

만약 어떤 사람이라도 악을 버리고 진실을 좋아한
다면
저 사람의 몸 가운데 들어가 묘한 변재를 생기할
것입니다.

저 부인이 탐욕과 성냄과 어리석음이 있지만
오히려 능히 수행함을 따라 변재를 주거든
어찌 하물며 보살이 지혜를 갖추고
능히 중생에게 이익을 주지 못하겠습니까.

비유하자면 환술사가 환술의 법을 알아서
능히 가지가지 한량없는 일을 나타내되
잠깐 사이에 하루와 한 달과 한 해와
성과 읍이 풍요롭고 크게 안락함을 시현하여 짓는
것과 같습니다.

환술사가 탐욕과 성냄과 어리석음을 갖추고 있지만
오히려 능히 환술의 힘으로 세간을 기쁘게 하거든
하물며 다시 선정과 해탈의 힘이
능히 중생으로 하여금 환희케 하지 못하겠습니까.

하늘과 아수라가 싸움을 할 때에
아수라가 패하여 코피 난 채 물러나 달아나면
병장기와 수레와 가마와 그리고 수많은 군대를
일시에 숨겨 보지 못하게 합니다.

저 아수라가 탐욕과 성냄과 어리석음을 갖추고 있
지만
오히려 능히 변화하는 힘이 불가사의하거든
하물며 신통의 두려움이 없는 법에 머물러
어떻게 능히 자재함을 나타내지 못하겠습니까.

제석천왕에게 코끼리왕이 있나니

저 코끼리는 제석천왕(天主)이 가고자 할 때를 알아

스스로 머리를 서른두 개로 화작하여

낱낱 코끼리에 여섯 개의 상아를 구족하였습니다.

낱낱 상아 위에 일곱 개의 연못에 물이

청정하고 향기롭고 맑아 담연하게 넘쳐흐르고

낱낱이 청정한 연못의 물 가운데

각각 일곱 개의 연꽃이 묘하게 장엄하여 꾸몄습니다.

저 모든 장엄하여 꾸민 연꽃 위에

각각 일곱 하늘의 옥녀들이 있어

다 연기와 예술을 잘하고 수많은 음악도 잘 연주하여

제석천왕으로 더불어 서로 즐기고 있습니다.

저 코끼리가 혹은 다시 본래의 모습을 버리고

스스로 그 몸을 화작하여 모든 하늘과 같게 함에
위의와 나아가고 그치는 것이 다 같나니
이런 변화하여 나타내는 신통력이 있습니다.

저 코끼리가 탐욕과 성냄과 어리석음을 갖추고 있
지만
오히려 능히 이런 모든 신통을 나타내거든
어찌 하물며 방편과 지혜를 구족하고서
모든 삼매에 자재하지 못하겠습니까.

아수라의 변화한 몸이
금강제金剛際를 밟고 바다 가운데 서면
바닷물이 지극히 깊지만 겨우 그 아수라의 몸 반밖에
차지 않고
머리는 수미산과 같이 바로 같습니다.

저 아수라가 탐욕과 성냄과 어리석음을 갖추고 있
지만
오히려 능히 이런 큰 신통을 나타내거든
하물며 마군과 원수를 항복받고 세간을 비추는 등
불이
자재한 위신력이 없겠습니까.

하늘과 아수라가 함께 싸움을 할 때에
제석천왕의 위신력은 사의하기 어렵나니
아수라 군대의 많은 수를 따라
몸을 저들 아수라와 같이 나타내어 대적하면

모든 아수라가 이런 생각을 일으키되
제석천왕이 우리들을 향하여 와서
반드시 우리들의 몸을 취하여 오체를 결박할 것이다
하여

이것을 인유하여 저 아수라 군대가 다 근심합니다.

제석천왕이 몸을 나타냄에 천 개의 눈이 있으며

손에는 금강저를 가지고 불꽃을 내며

갑옷을 입고 병장기를 가진 것이 지극히 위엄스러워

아수라가 바라봄에 다 물러나 항복합니다.

저 제석천왕이 작은 복덕의 힘으로도

오히려 능히 큰 원적을 꺾어 파멸하거든

어찌 하물며 일체중생을 구원하여 제도하는 사람이

큰 공덕을 구족하고서 자재하지 못하겠습니까.

도리천 가운데 하늘 북이 있나니

하늘의 업보를 좇아 생겨난 것입니다.

모든 하늘 대중이 방일하는 때를 알아

공중에서 자연스레 이런 소리를 내되

일체 오욕은 다 무상한 것이

마치 물의 거품이 자성이 거짓인 것과 같으며

모든 있는 것들이 꿈과 같고 아지랑이와 같으며

또한 뜬구름과 물 가운데 달과 같습니다.

방일은 원수가 되고 고뇌가 되어

감로의 길이 아닌 생사의 길이니

만약 어떤 사람이라도 방일의 행을 짓는다면

생멸의 큰 고기의 입에 들어갈 것입니다.

세간에 있는 바 수많은 고통의 근원은

일체 성인이 다 싫어하고 근심하는 것이며

오욕은 공덕을 소멸하여 깨뜨리는 자성이니

그대들은 응당 진실한 법을 사랑하고 좋아하라 하였

습니다.

삼십삼천의 대중이 이 소리를 듣고
다 함께 와서 선법당善法堂에 올라가면
제석천왕이 그들을 위해 미묘한 법을 설하여
다 하여금 적멸을 따르고 탐욕과 애욕을 제멸케 합
니다.

저 북소리는 형상이 없어서 가히 볼 수 없지만
오히려 능히 모든 하늘의 대중을 이익케 하거든
하물며 마음에 좋아함을 따라 색신을 나타내고서
모든 군생을 제도하지 못하겠습니까.

하늘과 아수라가 함께 싸울 때에
모든 하늘이 수승한 복덕의 힘으로
하늘 북이 소리를 내어 그 대중에게 이르기를
그대 등은 응당 마땅히 근심하지 말라 하였습니다.

모든 하늘이 이렇게 이르는 바 소리를 듣고

다 근심과 두려움을 제멸하여 힘을 증익하나니

그때 아수라왕은 마음이 떨리고 두려우며

거느린 바 수많은 병졸들은 다 물러나 달아났습니다.

감로의 묘한 삼매가 하늘북과 같아서

항상 마군을 항복받는 적정한 소리를 내나니

대비로 어여삐 여겨 일체를 구제하여

널리 중생으로 하여금 번뇌를 소멸케 합니다.

제석천왕이 널리 모든 천녀

구십이九十二 나유타 사람을 응대하여

저 천녀로 하여금 각각 마음에 스스로 이르기를

제석천왕이 유독 나로 더불어만 즐긴다 하게 합니다.

천녀 가운데서 몸을 널리 응대한 것과 같아서

선법당 안에서도 또한 이와 같이 응대하되

능히 한 생각에 신통을 나타내어

다 그 앞에 이르게 하여 그들을 위하여 법을 설합니다.

제석천왕이 탐욕과 성냄과 어리석음을 갖추고 있

지만

능히 권속으로 하여금 다 환희케 하거든

하물며 큰 방편과 신통의 힘이

능히 일체 권속으로 하여금 기쁘게 하지 못하겠습

니까.

타화자재 여섯 천왕이

욕계 가운데서 자재를 얻었기에

업·혹·고로써 그물을 삼아

일체 모든 범부를 결박합니다.

저 타화자재천왕이 탐욕과 성냄과 어리석음을 갖추
고 있지만
오히려 중생에게 자재함을 얻거든
하물며 열 가지 자재함을 구족하고서
능히 중생으로 하여금 함께 행하게 못하겠습니까.

삼천 세계에 대범천왕이
일체 범천이 머무는 곳에
다 능히 몸을 나타내어 그곳에 앉아
미묘하고 맑은 음성을 연창합니다.

저 범천왕이 세간의 범도梵道 가운데 머물지만
선정과 신통이 오히려 여의하거든
하물며 세간을 벗어나 더 이상 없고서
선정과 해탈에 자재하지 않겠습니까.

마혜수라천왕이 지혜가 자재하여

큰 바다에 용왕이 비를 내릴 때에

다 능히 분별하여 그 물방울을 헤아려 알되

한 생각 가운데 다 분별하여 압니다.

한량없는 억 세월에 부지런히 닦고 배워

더 이상 없는 보리의 지혜를 얻었거든

어떻게 한 생각 가운데

널리 일체중생의 마음을 알지 못하겠습니까.

중생의 업보는 불가사의하여

큰 바람의 힘으로써 세간에

큰 바다와 모든 산과 하늘 궁전과

수많은 보배와 광명과 만물의 종자를 생기합니다.

또한 능히 구름을 일으켜 큰 비를 내리게 하고

또한 능히 모든 구름의 기운을 흩어 사라지게 하며
또한 능히 일체 곡식을 성숙케 하고
또한 능히 모든 군생을 안락케 합니다.

바람은 능히 바라밀을 배우지 않고
또한 능히 부처님의 공덕을 배우지 않았지만
오히려 능히 불가사의한 일을 이루거든
어찌 하물며 모든 서원을 구족한 사람이겠습니까.

남자와 여자의 가지가지 소리와
일체 새와 짐승의 모든 소리와
큰 바다와 시냇물과 우뢰의 진동하는 소리도
다 능히 중생의 마음에 칭합하여 기쁘게 하거든

하물며 다시 소리의 자성이 메아리와 같은 줄 알고
걸림 없는 묘한 변재를 얻음에 미쳐

널리 중생을 응대하여 법을 설하고서
세간으로 하여금 기쁘게 함을 얻지 못하겠습니까.

바다는 희기하고 수특한 법이 있어
능히 일체를 평등하게 찍(印)나니
중생과 보물과 그리고 시냇물을
널리 다 포함하여 거부하는 바가 없습니다.

끝없는 선정으로 해탈한 사람이
평등하게 찍는 것도 또한 이와 같아서
복덕과 지혜와 모든 묘한 행의
일체를 널리 닦지만 싫어하거나 만족함이 없습니다.

큰 바다에 용왕이 노닐 때에
널리 모든 곳에서 자재함을 얻어
구름을 일으켜 두루 사천하에 넘쳐나게 하니

그 구름이 가지가지로 장엄된 색상입니다.

제 여섯 번째 타화자재천상에는
저 구름의 색상이 진금과 같으며
화락천상에는 붉은 진주 색상이며
도솔타천상에는 흰 눈 색상입니다.

야마천상에는 유리 색상이며
삼십삼천상에는 마노 색상이며
사왕천상에는 파려 색상이며
큰 바다 물 가운데는 금강 색상입니다.

긴나라 가운데는 묘향妙香 색상이며
모든 용이 머무는 곳에는 연꽃 색상이며
야차가 머무는 곳에는 흰 거위 색상이며
아수라 가운데는 산석山石의 색상입니다.

울단월 처소에는 황금 불꽃 색상이며

염부제 가운데는 푸른 보배 색상이며

나머지 두 천하에는 여러 가지로 섞어 장엄한 색상

이니

중생이 좋아하는 바를 따라서 응대합니다.

또 다시 타화자재천상에는

구름 가운데 번갯빛이 햇빛 색상과 같으며

화락천상에는 달빛 색상과 같으며

도솔타천상에는 염부단금 빛 색상과 같습니다.

야마천상에는 마노의 흰 색상이며

삼십삼천상에는 황금 불꽃 색상이며

사왕천상에는 수많은 보배 색상이며

큰 바다 가운데는 붉은 진주 색상입니다.

긴나라 세계에는 유리 색상이며

용왕이 머무는 곳에는 보배 창고 색상이며

야차가 머무는 곳에는 파려 색상이며

아수라 가운데는 마노 색상입니다.

울단월 경계에는 불꽃 진주 색상이며

염부제 가운데는 검푸른 색상이며

나머지 두 천하에는 여러 가지로 섞어 장엄한 색상
이니

구름의 색상과 같아서 번갯빛의 색상도 또한 그러합
니다.

타화자재천상에 우뢰의 진동 소리는 범천의 소리와
같으며

화락천상 가운데는 하늘 북 소리와 같으며

도솔타천상에는 노래 부르는 소리와 같으며

야마천상에는 천녀天女의 소리와 같습니다.

저 삼십삼천상에는
긴나라의 가지가지 소리와 같으며
세상을 옹호하는 사천왕의 모든 하늘 처소에는
건달바가 내는 바 소리와 같습니다.

바다 가운데는 두 산이 서로 부딪치는 소리와 같으며
긴나라 가운데는 퉁소 소리와 같으며
모든 용의 성 가운데는 가릉빈가 소리와 같으며
야차가 머무는 처소에는 용녀의 소리와 같습니다.

아수라 가운데는 하늘 북 소리와 같으며
인도人道 가운데는 바다 조수 소리와 같습니다.

타화자재천상에는 묘한 향과

가지가지 섞인 꽃을 비 내려 장엄하였으며

화락천상에는 다라수多羅樹 꽃과

만다라 꽃과 그리고 택향澤香을 비 내립니다.

도솔타천상에는 마니와

가지가지 보배를 구족한 장엄과

상투 가운데 보배 진주의 달빛과 같은 것과

가장 묘한 의복의 진금 색상을 비 내립니다.

야마천중에는 당기와 번과 일산과

꽃다발과 바르는 향의 묘한 장엄구와

붉은 진주 색상의 가장 묘한 옷과

그리고 가지가지 많은 기악을 비 내립니다.

삼십삼천상에는 여의주와

굳고 검은 침수향과 전단향과

울금 꽃과 계라다마 꽃 등과

묘한 꽃과 향수를 서로 섞어 비 내립니다.

세상을 옹호하는 사천왕 성중에는 좋은 반찬을 비

내리되

색과 향과 맛을 갖추어 힘을 증장하며

또 사의하기 어려운 수많은 묘한 보배를 비 내리니

다 이것은 용왕이 지은 바입니다.

또 다시 저 큰 바다 가운데는

때를 맞춰 내리는 비가 끊어지지 않는 것이 수레바퀴

와 같으며

다시 끝없는 큰 보배 창고를 비 내리며

또 가지가지로 장엄한 보배를 비 내립니다.

긴나라 세계에는 영락과

수많은 색상의 연꽃 옷과 그리고 보배와

파리사가 꽃과 말리향과

가지가지 음악을 다 구족하여 비 내립니다.

모든 용의 성 가운데는 붉은 진주를 비 내리며

야차성 안에는 마니를 비 내리며

아수라 가운데는 병장기를 비 내려

일체 모든 원적을 꺾어 항복시킵니다.

울단월 가운데는 영락을 비 내리고

또한 한량없는 최상의 묘한 꽃을 비 내리며

불바데와 구야니의 두 천하에는

다 가지가지로 장엄한 기구를 비 내립니다.

염부제에는 청정한 물을 비 내리되

미세한 기쁨의 비와 이슬이 항상 그 때에 응하여

수많은 꽃과 그리고 과실과 약초를 장양하고
일체 모든 싹과 곡식을 성숙케 합니다.

이와 같이 한량없는 묘한 장엄과
가지가지 구름과 번개와 그리고 우뢰와 비를
용왕이 자재로 다 능히 짓지만
몸은 한 발짝도 움직이지 않고 마음은 일분도 분별이
없습니다.

저 용왕이 세계의 바다 가운데 머물지만
오히려 능히 이런 사의하기 어려운 힘을 나타내거든
하물며 진리의 바다에 들어가 공덕을 구족하고서
능히 큰 신통변화를 짓지 못하겠습니까.

저 모든 보살의 해탈문은
일체 비유로도 능히 나타낼 수 없지만

저가 지금 이 모든 비유로써

간략하게 그 자재한 힘을 설하였습니다.

제일의 지혜와 광대한 지혜와

진실한 지혜와 끝없는 지혜와

최승한 지혜와 그리고 수승한 지혜인

이와 같은 법문을 지금에 이미 설하였으니

이 법은 희유하고 매우 기특하여

만약 어떤 사람이 듣고 능히 인가하며

능히 믿고 능히 받아 가지고 능히 찬탄하여 설한다면

이와 같이 하는 바는 매우 어려움이 되는 것입니다.

세간에 일체 모든 범부가

이 법을 믿는 사람은 매우 얻기 어렵거니와

만약 어떤 사람이 부지런히 청정한 복을 닦는다면

옛날 인행 시에 힘으로 이에 능히 믿을 것입니다.

일체 세간에 모든 중생이
성문승을 구하고자 하는 사람은 적으며
독각승을 구하고자 하는 사람은 전전히 다시 적으며
대승을 취구趣求하고자 하는 사람은 매우 만나기 어렵
습니다.

그러나 대승을 취구하는 사람도 오히려 쉽거니와
능히 이 법을 믿는 사람은 배로 다시 어렵거든
하물며 다시 가지고 외우고 사람을 위하여 설하며
여법하게 수행하고 진실하게 아는 사람이겠습니까.

어떤 사람이 삼천대천세계를
머리에 이고 한 세월(一劫) 동안 몸을 움직이지 아니할
지라도

저 사람의 하는 바는 아직 어려움이 되지 않거니와
이 법을 믿는 것이 이에 어려움이 됩니다.

어떤 사람이 손으로 열 부처님의 세계를 잡고
한 세월이 다하도록 허공 가운데 머물지라도
저 사람의 하는 바는 아직 어려움이 되지 않거니와
능히 이 법을 믿는 것이 이에 어려움이 됩니다.

열 부처님의 세계에 작은 티끌 수만치 많은 중생의
처소에
다 좋은 기구를 보시하여 한 세월을 지날지라도
저 사람의 복덕은 아직 수승함이 되지 않거니와
이 법을 믿는 것이 이에 가장 수승함이 됩니다.

열 부처님의 세계에 작은 티끌 수만치 많은 부처님의
처소에

다 받들어 섬기기를 한 세월을 다할지라도
만약 이 현수품을 능히 외우고 가지면
그 복덕이 가장 수승하여 저 사람을 지날 것입니다.

　그때에 현수보살이 이 게송을 설하여 마치니
　시방세계는 여섯 가지로 반복하여 진동하고, 마군
의 궁전은 은폐되었으며,
　악도는 쉬고, 시방의 모든 부처님은 널리 그 앞에
나타나 각각 오른손으로 그의 이마를 만지시고 같은
소리로 찬탄하여 말씀하시기를 착하고도 착합니다,
통쾌하게 이 법을 설함이여.
　우리 등 일체가 다 따라 환희한다 하셨습니다.

승수미산정품

그때에 여래의 위신력인 까닭으로 시방의 일체 세계에 낱낱 사천하 염부제 가운데 다 여래가 나무 아래 앉아 계심을 보니,

각각 보살이 있어 부처님의 위신력을 받아 법을 연설하고 스스로 말하기를 항상 부처님을 대면하지 아니함이 없다 하였습니다.

그때에 세존이 일체 보리수 아래를 떠나지 않고 위로 수미산에 올라 제석궁전을 향하시니

그때에 천제석왕이 묘승전 앞에 있다가 멀리서 부처님이 오시는 것을 보고

곧 신통력으로써 이 궁전을 장엄하여 넓은 광명장

178

사자의 자리를 안치하니

그 자리가 다 묘한 보배로 이루어진 바이며

십천 개의 층계로 높이까지 극진하게 장엄하였으며

십천 가지 황금 그물로 그 위를 가득히 덮었으며

십천 가지 휘장과 십천 가지 일산으로 두루 돌려 사이마다 나열하였으며

십천 가지 비단으로 띠를 내렸으며

십천 가지 진주 영락으로 두루 서로 이었으며

십천 가지 의복으로 사자의 자리 위에 폈으며

십천의 천자와 십천의 범천왕이 앞뒤로 에워쌌으며

십천 가지 광명이 비추었습니다.

그때에 제석천왕이 여래를 받들어 펼쳐진 자리에 안치하여 마치고 몸을 굽혀 합장하고 공경히 부처님

을 향하여 이와 같은 말을 하되 잘 오셨습니다. 세존
이시여,

　잘 오셨습니다. 선서시여,

　잘 오셨습니다. 여래 응공 정등각이시여,

　오직 원컨대 어여삐 여기사 이 궁전에 거처하옵
소서.

　그때에 세존이 곧 그 청을 받고 묘승전에 들어가
시니

　시방에 일체 모든 세계 가운데서도 다 또한 이와
같이 들어가셨습니다.

　그때에 제석천왕이 부처님의 신통력으로 모든
궁전 가운데 있는 바 즐거운 음성이 자연히 그치고

　곧 스스로 과거 부처님의 처소에서 모든 선근을
심은 것을 기억하고 생각하여 게송을 설하여 말하

기를

가섭 여래가 대비를 구족하여
모든 길상 가운데 최고로 더 이상 없더니
저 부처님이 좇아와 이 궁전에 들어가셨기에
이런 까닭으로 이곳이 최고로 길상합니다.

구나모니가 보는 것이 걸림이 없어서
모든 길상 가운데 최고로 더 이상 없더니
저 부처님이 일찍이 와 이 궁전에 들어가셨기에
이런 까닭으로 이곳이 최고로 길상합니다.

가라구타가 금산과 같아서
모든 길상 가운데 최고로 더 이상 없더니
저 부처님이 좇아와 이 궁전에 들어가셨기에
이런 까닭으로 이곳이 최고로 길상합니다.

비사부불이 세 가지 때가 없어서

모든 길상 가운데 최고로 더 이상 없더니

저 부처님이 좋아와 이 궁전에 들어가셨기에

이런 까닭으로 이곳이 최고로 길상합니다.

시기여래가 분별을 떠나

모든 길상 가운데 최고로 더 이상 없더니

저 부처님이 좋아와 이 궁전에 오셨기에

이런 까닭으로 이곳이 최고로 길상합니다.

비바시불이 둥근 달과 같아서

모든 길상 가운데 최고로 더 이상 없더니

저 부처님이 일찍이 와 이 궁전에 들어가셨기에

이런 까닭으로 이곳이 최고로 길상합니다.

불사불이 제일의를 밝게 통달하여

모든 길상 가운데 최고로 더 이상 없더니
저 부처님이 일찍이 와 이 궁전에 들어가셨기에
이런 까닭으로 이곳이 최고로 길상합니다.

제사여래가 변재가 걸림이 없어서
모든 길상 가운데 최고로 더 이상 없더니
저 부처님이 일찍이 와 이 궁전에 들어가셨기에
이런 까닭으로 이곳이 최고로 길상합니다.

파두마불이 청정하여 때가 없어서
모든 길상 가운데 최고로 더 이상 없더니
저 부처님이 좇아와 이 궁전에 들어가셨기에
이런 까닭으로 이곳이 최고로 길상합니다.

연등여래가 큰 광명을 놓아
모든 길상 가운데 최고로 더 이상 없더니

저 부처님이 좇아와 이 궁전에 들어가셨기에
이런 까닭으로 이곳이 최고로 길상합니다.

이 세계 가운데 도리천왕이 여래의 위신력을 이용
한 까닭으로 게송으로 열 부처님이 소유한 공덕을
찬탄한 것과 같아서, 시방세계에 모든 제석천왕도
또한 이와 같이 부처님의 공덕을 찬탄하였습니다.

그때에 세존이 묘승전에 들어가 결가부좌하시니
이 궁전이 홀연히 넓어지고 너그러워져 그 하늘
대중이 모두 머무는 바 처소와 같아서 시방세계에서
도 다 또한 이와 같았습니다.

수미정상게찬품

그때에 부처님의 위신력을 인한 까닭으로

　시방에 각각 한 사람의 큰 보살이 있으되

　낱낱이 각각 부처님의 국토에 작은 티끌 수만치

많은 보살로 더불어 함께

　백 부처님의 국토에 작은 티끌 수만치 많은 국토

밖에 모든 세계 가운데로 좇아와서 모이니

　그 이름은 말하자면

　법혜보살과 일체혜보살과

　승혜보살과 공덕혜보살과

　정진혜보살과 선혜보살과

　지혜보살과 진실혜보살과

　무상혜보살과 견고혜보살입니다.

좇아온 바 국토는 말하자면

인다라화 세계와 파두마화 세계와

보화 세계와 우발라화 세계와

금강화 세계와 묘향화 세계와

열의화 세계와 아로나화 세계와

나라타화 세계와 허공화 세계입니다.

각각 부처님의 처소에서 청정하게 범행을 닦았
으니

말하자면 수특월불과 무진월불과

부동월불과 풍월불과

수월불과 해탈월불과

무상월불과 성수월불과

청정월불과 명료월불입니다.

이 모든 보살이 부처님의 처소에 이르러 마친

뒤에 부처님의 발에 정례하고

좇아온 바 방소를 따라서 각각 비로자나가 사자를 갈무리한 자리를 변화하여 만들어 그 자리 위에 결가부좌하니

이 세계 가운데 수미산 정상의 보살이 와서 모인 것과 같이 일체 세계에도 다 또한 이와 같아서 저 모든 보살이 소유한 이름과 세계와 부처님의 명호가 다 같아 차별이 없었습니다.

그때에 세존이 두 발가락으로 좇아 백천억 묘색 광명을 놓아 널리 시방의 일체 세계를 비추시니

수미산 정상 제석궁중에 부처님과 그리고 대중이 다 나타나지 아니함이 없었습니다.

그때에 법혜보살이 부처님의 위신력을 받아 널리 시방을 관찰하고 게송을 설하여 말하기를

부처님이 청정한 광명을 놓으시니

널리 세간에 도사께서

수미산왕의 정상에

묘승전 가운데 머무심을 봅니다.

일체 제석천왕이

부처님께 궁전에 들어가시기를 청하여

다 열 가지 묘한 게송으로써

모든 여래를 칭찬합니다.

저 모든 대회 가운데

있는 바 보살대중이

다 시방으로 좇아 이르러

변화하여 지은 자리에 편안히 앉았습니다.

저 대회에 모든 보살이

다 나와 같이 똑같은 이름이며

좇아온 바 모든 세계도

이름이 또한 이와 같습니다.

본국에 모든 세존의

명호도 다 또한 같으며

각각 그 부처님의 처소에서

더 이상 없는 행을 청정하게 닦았습니다.

불자여, 그대는 응당

여래의 자재한 힘을 관찰하세요.

일체 염부제에

다 부처님이 그 가운데 계신다 말합니다.

우리 등이 지금 부처님이

수미산 정상에 머무심을 보며

시방에도 다 또한 그러하나니
여래의 자재한 힘이십니다.

낱낱 세계 가운데
발심하여 불도를 구하셨으며
이와 같은 서원을 의지하여
보리행을 닦아 익히셨습니다.

부처님이 가지가지 몸으로써
온 세간에 노니시되
법계에 걸리는 바가 없으시니
능히 헤아릴 사람이 없습니다.

지혜의 광명을 항상 널리 비추어
세간의 어둠을 다 제멸하시니
일체 같이 짝할 사람이 없거늘

어떻게 가히 헤아려 알겠습니까.

　그때에 일체 법혜보살이 부처님의 위신력을 받아
널리 시방을 관찰하고 게송을 설하여 말하기를

가사 백천 세월에
항상 여래를 본다 할지라도
진실한 뜻을 의지하지 않고
구세자救世者를 보려고 한다면

이 사람은 모든 모습만을 취하여
어리석고 미혹한 그물만 증장하며
생사의 감옥에 얽어매여
눈이 어두워 부처님을 보지 못할 것입니다.

모든 법에

자성이 있는 바가 없는 줄 관찰할 것이니

그 생멸하는 모습과 같아서

다만 거짓 이름으로 설하였을 뿐입니다.

일체법은 난 적도 없으며

일체법은 사라진 적도 없나니

만약 이와 같이 안다면

모든 부처님이 항상 앞에 나타날 것입니다.

일체법의 자성은 본래 공적하여

취할 것도 없고 또한 볼 것도 없어

자성이 공한 것이 곧 이 부처님이니

가히 사량으로 얻을 수 없습니다.

만약 일체법이

자체성이 다 이와 같은 줄 안다면

이 사람은 곧

번뇌에 물드는 바가 되지 않을 것입니다.

범부는 모든 법을 보되

다만 모습만을 따라 유전하고

법이 모습이 없는 줄 알지 못하기에

이에 부처님을 보지 못합니다.

석가모니께서는 삼세를 떠나

모든 모습을 다 구족하였으며

머무는 바 없이 머무시어

널리 두루하시지만 움직이지 않으십니다.

나는 일체법을 관찰하여

다 분명하게 앎을 얻었기에

지금에 여래를 보되

결정코 의심이 없습니다.

법혜보살이 먼저 이미
여래의 진실한 자성을 설하였기에
나도 저 법혜보살을 좇아
보리의 사의하기 어려운 것을 알았습니다.

　그때 승혜보살이 부처님의 위신력을 받아 널리
시방을 관찰하고 게송을 설하여 말하기를

여래의 큰 지혜는
희유하여 짝할 사람이 없나니
일체 모든 세간이
사유하여도 능히 미칠 수 없습니다.

범부는 허망하게 관찰하여

모습만 취하고 진리와 같이 않거니와
부처님은 일체 모습을 떠났기에
저들이 능히 볼 바가 아닙니다.

미혹하여 알지 못하는 사람은
허망하게 오온의 모습만 취하여
저 오온의 참다운 실성을 알지 못하나니
이 사람은 부처님을 보지 못합니다.

일체법이
자성이 있는 바가 없는 줄 알아야 할 것이니
이와 같이 법의 실성을 안다면
곧 노사나 부처님을 볼 것입니다.

앞에 오온을 인한 까닭으로
뒤에 오온이 상속하여 일어나나니

이 오온의 실성을 안다면
부처님의 사의하기 어려운 모습을 볼 것입니다.

비유하자면 어둠 가운데 보배를
등불이 없으면 가히 볼 수 없는 것과 같아서
부처님의 법도 설하는 사람이 없으면
비록 지혜가 있을지라도 능히 알 수 없을 것입니다.

또 눈에 눈병이 있으면
청정하고 묘한 색상을 보지 못하는 것과 같아서
이와 같이 마음이 청정하지 못하면
모든 불법을 보지 못할 것입니다.

또 밝고 맑은 태양을
눈먼 사람은 능히 보지 못하는 것과 같아서
지혜의 마음이 없으면

마침내 모든 부처님을 보지 못할 것입니다.

만약 능히 눈병을 제멸하고
색상에 대한 생각도 버려
모든 법을 보지 않으면
곧 여래 봄을 얻을 것입니다.

일체혜보살이 먼저
모든 부처님의 보리의 법을 설하기에
나도 저 보살로 좇아 듣고
노사나 부처님을 친견함을 얻었습니다.

　그때에 공덕혜보살이 부처님의 위신력을 받아
널리 시방을 관찰하고 게송을 설하여 말하기를

모든 법은 진실이 없거늘

허망하게 진실의 모습을 취하기에

이런 까닭으로 모든 범부가

생사의 감옥에 윤회합니다.

언어로 말한 바 법을

작은 지혜로 허망하게 분별하기에

이런 까닭으로 장애가 생겨나

자기 마음을 알지 못합니다.

능히 자기 마음도 알지 못하거니

어떻게 바른 도를 알겠습니까.

저 사람은 전도된 지혜를 인유하여

일체 악을 증장하게 될 것입니다.

모든 법이 공한 줄 보지 못하여

항상 생사의 고통을 받나니

이 사람은 능히

청정한 법안이 없는 까닭입니다.

내가 옛날에 수많은 고통을 받은 것은

내가 부처님을 친견하지 못한 이유이니

그런 까닭으로 마땅히 법안을 청정하게 하여

그 부처님이 응당 보신 바를 볼 것입니다.

만약 부처님을 친견함을 얻으면

그 마음이 취착하는 바가 없을 것이니

이 사람은 곧 능히

부처님이 아시는 바와 같은 법을 볼 것입니다.

만약 부처님의 진실한 법을 본다면

곧 큰 지혜의 사람이라 이름할 것이니

이 사람은 청정한 눈이 있어서

능히 세간을 관찰할 것입니다.

봄이 없는 것이 곧 보는 것이기에
능히 일체 세간을 볼 것이니
저 법에 만약 볼 것이 있다면
이것은 곧 볼 바가 없는 것입니다.

일체 모든 법성이
남도 없고 또한 사라짐도 없나니
기특하십니다, 대도사시여
스스로도 깨닫고 능히 다른 사람도 깨닫게 하셨습
니다.

승혜보살이 먼저 이미
여래께서 깨달으신 바 법을 설하였기에
우리 등도 저 승혜보살로 좇아 듣고

능히 부처님의 진실한 자성을 알았습니다.

   그때에 정진혜보살이 부처님의 위신력을 받아
시방을 관찰하고 게송을 설하여 말하기를

만약 분별심에 머문다면
곧 청정한 눈을 깨뜨리고
어리석고 삿된 소견만 더하여
영원히 모든 부처님을 보지 못할 것입니다.

만약 능히 사법邪法이
여실한 줄 알면 전도되지 아니하며
허망한 것이 본래 스스로 진실한 것인 줄 알면
부처님을 보는 것이 곧 청정할 것입니다.

보는 것이 있다고 한다면 곧 때(垢)가 되나니

이것은 곧 보는 것이 되지 못하며

모든 소견을 멀리 떠나면

이와 같이 이에 부처님을 볼 것입니다.

세간에 언어의 법을

중생이 허망하게 분별하나니

세간이 다 생기한 적이 없는 줄 안다면

이에 세간을 볼 것입니다.

만약 보는 것으로 세간을 본다면

보는 것이 곧 세간의 모습이며

여실히 평등하여 다름이 없다면

이 이름이 진실로 보는 사람입니다.

만약 평등하여 다름이 없는 줄로 보아

만물을 분별하지 않는다면

이 소견은 모든 번뇌를 떠나
누수가 없어서 자재함을 얻을 것입니다.

모든 부처님이 열어 보이신 바
일체 분별법을
다 가히 얻을 수 없나니
저 자성이 청정한 까닭입니다.

법성은 본래 청정하고
허공과 같아 모습이 없기에
일체중생이 능히 말할 자가 없나니
지혜로운 사람은 이와 같이 관찰할 것입니다.

법에 대한 생각을 멀리 떠나
일체법을 좋아하지 않지만
이것도 또한 닦을 바가 없어야

능히 대모니를 볼 것입니다.

공덕혜보살이 설한 바와 같아서

이 이름이 부처님을 보는 사람이니

소유한 일체 행이

그 자체성이 다 적멸합니다.

　그때에 선혜보살이 부처님의 위신력을 받아 널리

시방을 관찰하고 게송을 설하여 말하기를

희유하고 크게 용맹하신

한량없는 모든 여래가

때를 떠나 마음이 해탈하여

자기도 제도하고 능히 저 중생들도 제도하셨습니다.

내가 세간의 등불을 보니

여실히 전도되지 않는 것이

마치 한량없는 세월(劫)에

지혜를 쌓은 사람이 보는 바와 같습니다.

일체 범부의 행은

속히 돌아가 다하지 아니함이 없지만

그 자성은 허공과 같기에

그런 까닭으로 말하기를 다함이 없다 합니다.

지혜로운 사람은 다함이 없다 말하지만

이것도 또한 말할 바가 없나니

자성은 다함이 없는 까닭으로

사의하기 어려운 다함이 있음을 얻을 것입니다.

다함이 없다고 설한 바 가운데는

중생도 가히 얻을 것이 없나니

중생의 자성이 그러한 줄 안다면
곧 큰 명칭자를 볼 것입니다.

보는 것이 없지만 본다고 말하고
중생이 없지만 중생이라 말하나니
이에 보는 것과 이에 중생이
자체성이 없는 줄 알아야 할 것입니다.

능히 보는 것과 그리고 볼 바와
보는 사람을 다 제거하여 보내되
진실한 법을 무너뜨리지 않는다면
이 사람은 부처님을 알 수 있을 것입니다.

만약 사람이 부처님과
그리고 부처님께서 설하신 바 법을 안다면
곧 능히 세간을 비추기를

부처님 노사나와 같이 할 것입니다.

정각이 잘
한 법의 청정한 도를 열어 보이시고
정진혜대사가
한량없는 법을 연설하였습니다.

혹 있기도 하고 혹 없기도 하다는
저 생각을 다 제멸한다면
이와 같이 능히 부처님께서
실상에 안주하심을 볼 것입니다.

　그때에 지혜보살이 부처님의 위신력을 받아 널리
시방을 관찰하고 게송을 설하여 말하기를

나는 가장 수승한 가르침을 듣고

곧 지혜의 광명을 놓아

널리 시방의 세계를 비추어

다 일체 부처님을 보았습니다.

이 가운데는 작은 물건조차 없고

다만 거짓 이름만 있을 뿐이니

만약 나와 남이 있다고 헤아린다면

곧 험난한 길에 들어갈 것입니다.

모든 취착하는 범부는

몸을 헤아려 실로 있다 하지만

여래는 취착할 바가 아니어서

저 범부가 마침내 봄을 얻을 수 없습니다.

이 사람은 혜안이 없어서

능히 부처님 봄을 얻을 수 없기에

한량없는 세월 가운데

생사의 바다에 유전합니다.

다툼이 있으면 생사라 말하고

다툼이 없으면 곧 열반이라 하지만

생사와 그리고 열반을

둘 다 함께 가히 얻을 수 없습니다.

만약 거짓 이름을 좇아

이 두 가지 법에 취착한다면

이 사람은 여실하지 못하여

성인의 묘한 도를 알지 못할 것입니다.

만약 이와 같은 생각을 내되

이 부처님이 이에 가장 수승하다 하면

전도요 진실한 뜻이 아니니

능히 정각을 보지 못할 것입니다.

능히 이 실체의

적멸한 진여의 모습을 안다면

곧 정각세존이

언어의 길에서 뛰어났음을 볼 것입니다.

언어로 모든 법을 말한다면

능히 실상을 나타낼 수 없고

평등하면 이에 능히 볼 것이니

법과 같아서 부처님도 또한 그러합니다.

과거 세상과

미래 세상과 그리고 현재 세상을 바로 깨달아

영원히 분별의 뿌리를 끊었기에

이런 까닭으로 말하기를 부처님이라 이름하는 것입

니다.

　그때에 진실혜보살이 부처님의 위신력을 받아
널리 시방을 관찰하고 게송을 설하여 말하기를

차라리 지옥의 고통을 받고
모든 부처님의 이름을 얻어 들을지언정
한량없는 즐거움을 받고
부처님의 이름을 듣지 않으려 하지 않습니다.

그 까닭은 지나간 옛날
수없는 세월에 고통을 받고
생사 가운데 유전한 것은
부처님의 이름을 듣지 못한 까닭입니다.

법에 전도되지 않고

여실하게 현재 증득하여

모든 화합의 모습을 떠난 것이

이것이 이름이 더 이상 없는 깨달음입니다.

현재 화합의 모습이 아니라면

과거와 미래도 또한 다시 그러하여

일체법이 모습이 없는 것이

이것이 곧 부처님의 참다운 몸입니다.

만약 능히 이와 같이

모든 법의 깊고도 깊은 뜻을 관찰한다면

곧 일체 부처님의

법신의 진실한 모습을 볼 것입니다.

진실을 진실로 보고

진실 아닌 것을 진실 아닌 것으로 보아

이와 같이 구경에 알기에
이런 까닭으로 이름을 부처님이라 하는 것입니다.

불법은 깨달을 수 없지만
이것을 깨달으면 이름이 불법을 깨달은 것이니
모든 부처님은 이와 같이 수행하셨기에
한 법도 가히 얻을 수 없는 것입니다.

하나인 까닭으로 많은 것을 알며
많은 까닭으로 하나인 줄 아나니
모든 법이 의지할 바가 없어서
다만 화합을 좇아 일어나는 것입니다.

능작과 소작이 없고
오직 업의 생각만을 좇아 생기하나니
어떻게 이와 같은 줄 아는가.

이 업의 생각과 다른 것은 있을 수 없는 까닭입니다.

일체법은 머무름이 없어

일정한 곳을 가히 얻을 수 없나니

모든 부처님이 여기에 머물러

구경에 동요하지 않습니다.

　그때에 무상혜보살이 부처님의 위신력을 받아

널리 시방을 관찰하고 게송을 설하여 말하기를

무상혜마하살이

중생의 생각을 멀리 떠난 것은

능히 지날 사람이 없기에

그런 까닭으로 이름을 무상이라 합니다.

모든 부처님이 얻은 바 처소는

조작도 없고 분별도 없으며

큰 번뇌도 있는 바가 없고

작은 번뇌도 또한 그러합니다.

모든 부처님이 행하신 바 경계는

그 가운데 수數가 없으며

정각도 멀리 수를 떠났으니

이것이 부처님의 참다운 법입니다.

여래의 광명이 널리 비추어

수많은 어둠을 멸제하시지만

이 광명이 비춤이 있는 것도 아니며

또한 다시 비춤이 없는 것도 아닙니다.

저 법에 집착한 바도 없으며

생각한 바도 없고 또한 물든 바도 없으며

머문 바도 없고 머무를 처소도 없지만
법성을 무너뜨리지 않았습니다.

이 가운데는 둘도 없으며
또한 다시 하나도 없나니
큰 지혜로 잘 보는 사람은
진리와 같이 선교로 편안히 머무십니다.

없다고 한 가운데는 둘도 없으며
둘도 없다고 한 것도 또한 다시 없어서
삼계의 일체가 공이니
이것이 곧 모든 부처님이 보시는 것입니다.

범부는 깨달아 알 수가 없기에
부처님이 하여금 정법에 머물러
모든 법에 머무는 바가 없게 하시니

이것을 깨달으면 자신을 볼 것입니다.

몸이 없지만 몸을 말하며
생기한 적이 없지만 생기함을 나타내시니
몸도 없고 또한 보는 것도 없는 것이
이 부처님의 더 이상 없는 몸입니다.

이와 같이 진실혜보살이
모든 부처님의 묘한 법성을 설하였으니
만약 이 법문을 듣는 사람이라면
마땅히 청정한 눈을 얻을 것입니다.

그때에 견고혜보살이 부처님의 위신력을 받아
널리 시방을 관찰하고 게송을 설하여 말하기를

위대하십니다, 큰 광명이시여

용건하십니다, 무상사이시여
군생의 미혹한 사람을 이익케 하기 위한 까닭으로
세간에 출흥하셨습니다.

부처님이 대비심으로써
널리 모든 중생이
현재 삼유 가운데
윤회하여 수많은 고통을 받는 것을 관찰하십니다.

오직 정등각의
공덕을 갖춘 높은 도사는 제외하고
일체 모든 하늘과 사람은
능히 구호할 자가 없습니다.

만약 부처님과 보살 등이
세간에 출연하시지 않았다면

한 중생도

능히 안락을 얻을 수 없었을 것입니다.

여래 등정각과

그리고 모든 현인과 성인의 무리가

세간에 출현하여

능히 중생에게 즐거움을 주셨습니다.

만약 여래를 보는 사람이라면

크고 좋은 이익을 얻게 될 것이며

부처님의 이름을 듣고 믿음을 낸다면

곧 이 사람은 세간의 탑이 될 것입니다.

우리 등이 세존을 친견한다면

큰 이익을 얻게 될 것이며

이와 같이 묘한 법문을 듣는다면

다 마땅히 불도를 성취하게 될 것입니다.

모든 보살은 과거에

부처님의 위신력으로써

청정한 지혜의 눈을 얻어

모든 부처님의 경계를 요달하였기에

지금에 노사나 부처님을 친견하여

더욱 청정한 믿음을 증장하였습니다.

부처님의 지혜는 끝이 없어서

연설하여도 가히 다 설할 수 없나니

승혜 등 보살과

그리고 나 견고혜가

수없는 억세월 가운데

설하여도 또한 가히 다 설할 수 없습니다.

십주품

그때에 법혜보살이 부처님의 위신력을 받아 보살의
한량없는 방편의 삼매에 들어가니

삼매의 힘으로써

시방에 각각 일천 부처님의 세계에 작은 티끌
수만치 많은 세계 밖에 일천 부처님의 세계에 작은
티끌 수만치 많은 모든 부처님이 있으되 다 한 이름과
같아서 이름을 법혜불이라 합니다.

널리 그 법혜보살 앞에 나타나

법혜보살에게 일러 말씀하시기를 착하고 착합니
다. 선남자여, 그대가 능히 이 보살의 한량없는 방편
의 삼매에 들어가니

선남자여, 시방에 각각 일천 부처님의 세계에 작

은 티끌 수만치 많은 모든 부처님이 다 위신력으로써 함께 그대를 가피하시며,

또 이 비로자나 여래의 지나간 옛날의 원력과 위신력과 그리고 그대가 수행한 바 선근력인 까닭으로 이 삼매에 들어가 그대로 하여금 법을 설하게 하시는 것입니다.

그것은 부처님의 지혜를 증장케 하기 위한 까닭이며

법계에 깊이 들어가게 하기 위한 까닭이며

중생의 세계를 잘 알게 하기 위한 까닭이며

들어가는 바가 걸림이 없게 하기 위한 까닭이며

행하는 바가 장애가 없게 하기 위한 까닭이며

비등할 수 없는 방편을 얻게 하기 위한 까닭이며

일체 지혜의 자성에 들어가게 하기 위한 까닭이며

일체법을 깨닫게 하기 위한 까닭이며

일체 근기를 알게 하기 위한 까닭이며

능히 일체법을 가져 설하게 하기 위한 까닭이니
말하자면 모든 보살의 열 가지 머무름을 발기하려
는 것입니다.

선남자여, 그대는 마땅히 부처님의 위신력을 받아
이 법을 연설해야 할 것입니다.
이때에 모든 부처님이 곧 법혜보살에게 걸림이
없는 지혜와
집착이 없는 지혜와
끊어짐이 없는 지혜와
어리석음이 없는 지혜와
다름이 없는 지혜와
잃음이 없는 지혜와
한량이 없는 지혜와
이길 이 없는 지혜와
게으름이 없는 지혜와

빼앗을 이 없는 지혜를 주시니 무슨 까닭인가.

이 삼매의 힘이 법이 이와 같은 까닭입니다.

이때에 모든 부처님이 각각 오른손을 펴서 법혜보살의 정수리를 만지시니

법혜보살이 곧 삼매로 좇아 일어나

모든 보살에게 일러 말하기를 불자여, 보살이 머무는 곳이 광대하여 법계와 허공계로 더불어 같습니다.

불자여, 보살이 삼세에 모든 부처님의 집에 머무나니

저 보살이 머무는 곳을 내가 지금 마땅히 설하겠습니다.

모든 불자여, 보살이 머무는 곳이 열 가지가 있나니,

과거 미래 현재에 모든 부처님이 이미 설하셨고

당래에 설할 것이고 지금 설하십니다.

어떤 것이 열 가지가 되는가.

말하자면 초발심주와 치지주와 수행주와 생귀주
와 구족방편주와 정심주와 불퇴주와 동진주와 법왕
자주와 관정주입니다.

이것이 이름이 보살의 십주이니

과거와 미래와 현재의 모든 부처님이 설하시는
바입니다.

불자여, 어떤 것이 보살의 발심주가 되는가.

이 보살이 부처님 세존의 용모가 단엄한 것과

색상이 원만한 것과

사람들이 즐겁게 보는 바와

가히 만나기 어려운 것과

큰 위신력이 있는 것을 보며,

혹은 신족통을 보며,

혹은 수기를 다르게 하심을 들으며,

혹은 가르쳐 경계하심을 들으며,

혹은 중생이 모든 심한 고통받음을 보며,

혹은 여래의 광대한 불법을 듣고 보리심을 일으켜

일체 지혜를 구하는 것입니다.

이 보살이 열 가지 얻기 어려운 법을 인연하여

마음을 일으키나니

어떤 것이 열 가지가 되는가.

말하자면 옳은 곳과 그른 곳을 아는 지혜와

선과 악의 업보를 아는 지혜와

모든 근기가 수승하고 하열함을 아는 지혜와

가지가지 지해가 차별함을 아는 지혜와

가지가지 세계가 차별함을 아는 지혜와

일체 처소에 이르는 길을 아는 지혜와

모든 선정과 해탈과 삼매를 아는 지혜와

숙명이 걸림이 없음을 아는 지혜와

천안이 걸림이 없음을 아는 지혜와

삼세에 번뇌의 흐름이 널리 다함을 아는 지혜이니,

이것이 열 가지가 되는 것입니다.

불자여, 이 보살이 응당 열 가지 법을 권하여 배우게 할지니,

어떤 것이 열 가지가 되는가.

말하자면 부지런히 부처님께 공양하는 것과

생사에 머물기를 좋아하는 것과

세간을 주도하여 하여금 악업을 제멸하게 하는 것과

수승하고 묘한 법으로써 항상 가르침을 행하는 것과

더 이상 없는 법을 찬탄하는 것과

부처님의 공덕을 배우는 것과

모든 부처님 앞에 태어나서 항상 섭수함을 입는 것과

방편으로 적정삼매를 연설하는 것과

생사의 윤회를 멀리 떠남을 찬탄하는 것과

고통받는 중생을 위하여 귀의처를 짓는 것입니다.

무슨 까닭인가 하면 보살로 하여금 불법 가운데 마음이 전전히 증승하고 광대케 하며,

들을 바 법이 있다면 곧 스스로 열어 알고 다른 사람의 가르침을 인유하지 않게 하고자 하는 까닭입니다.

불자여, 어떤 것이 보살의 치지주가 되는가.

이 보살이 모든 중생에게 열 가지 마음을 일으키

나니,

어떤 것이 열 가지가 되는가.

말하자면 이익케 하는 마음과

대비의 마음과

안락케 하는 마음과

안주케 하는 마음과

어여삐 여기는 마음과

섭수하는 마음과

수호하는 마음과

자기와 같은 마음과

스승과 같은 마음과

인도하는 스승과 같은 마음이니,

이것이 열 가지가 되는 것입니다.

불자여, 이 보살이 응당 열 가지 법을 권하여 배우게 할 것이니,

어떤 것이 열 가지가 되는가.

말하자면 외우고 익히고 많이 들은 것과

한가하여 적정한 것과

선지식을 친근한 것과

말을 하는 것이 화평하고 기쁘게 하는 것과

말을 함에 반드시 때를 아는 것과

마음에 두려운 것이 없는 것과

뜻을 요달하는 것과

여법하게 수행하는 것과

어리석고 미혹함을 멀리 떠나는 것과

편안히 머물러 움직이지 않는 것입니다.

무슨 까닭인가 하면 보살로 하여금 모든 중생에게
대비를 증장케 하며,
들을 바 법이 있다면 곧 스스로 열어 알고 다른
사람의 가르침을 인유하지 않게 하고자 하는 까닭입

니다.

불자여, 어떤 것이 보살의 수행주가 되는가.
이 보살이 열 가지 행으로써 일체법을 관찰하나니
어떤 등이 열 가지가 되는가.
말하자면 일체법이 무상한 것과
일체법이 괴로운 것과
일체법이 공한 것과
일체법이 내가 없는 것과
일체법이 조작이 없는 것과
일체법이 즐거운 맛이 없는 것과
일체법이 명체名體와 같지 않는 것과
일체법이 처소가 없는 것과
일체법이 분별을 떠난 것과
일체법이 견실함이 없는 것을 관찰하는 것이니,
이것이 열 가지가 되는 것입니다.

불자여, 이 보살이 응당 열 가지 법을 권하여 배우게 할 것이니

어떤 것이 열 가지가 되는가.

말하자면 중생계와 법계와 세계를 관찰하며

지계와 수계와 화계와 풍계를 관찰하며

욕계와 색계와 무색계를 관찰하는 것입니다.

무슨 까닭인가 하면 보살로 하여금 지혜가 명료케 하며

들은 바 법문이 있다면 곧 스스로 열어 알고 다른 사람의 가르침을 인유하지 않게 하고자 하는 까닭입니다.

불자여, 어떤 것이 보살의 생귀주가 되는가.

이 보살이 성인의 가르침 가운데로 좇아 출생하여 열 가지 법을 성취하나니

어떤 것이 열 가지가 되는가.

말하자면 영원히 물러나지 않는 것과

모든 부처님의 처소에 깊이 청정한 믿음을 내는 것과

법을 잘 관찰하는 것과

중생과 국토와 세계와

업행과 과보와

생사와 열반을 아는 것이니,

이것이 열 가지가 되는 것입니다.

불자여, 이 보살이 응당 열 가지 법을 권하여 배우게 할 것이니

어떤 것이 열 가지가 되는가.

말하자면 과거와 미래와 현재의 일체 불법을 알며,

과거와 미래와 현재의 일체 불법을 닦아 모으며,

과거와 미래와 현재의 일체 불법을 원만케 하며,

일체 모든 부처님의 평등함을 아는 것입니다.

무슨 까닭인가 하면 하여금 더욱 나아가 삼세

가운데 마음이 평등함을 얻게 하며,

들을 바 법문이 있다면 곧 스스로 열어 알고 다른

사람의 가르침을 인유하지 않게 하고자 하는 까닭입

니다.

불자여, 어떤 것이 보살의 구족방편주가 되는가.

이 보살이 닦는 바 선근은 다 일체중생을 구호하기

위한 것이며

일체중생을 요익케 하기 위한 것이며

일체중생을 안락케 하기 위한 것이며

일체중생을 어여삐 여기기 위한 것이며

일체중생을 제도하여 해탈케 하기 위한 것이며

일체중생으로 하여금 모든 재난을 떠나게 하기 위한 것이며

일체중생으로 하여금 생사의 괴로움을 벗어나게 하기 위한 것이며

일체중생으로 하여금 청정한 믿음을 발생케 하기 위한 것이며

일체중생으로 하여금 다 조복을 얻게 하기 위한 것이며

일체중생으로 하여금 다 열반을 증득케 하기 위한 것입니다.

불자여, 이 보살이 응당 열 가지 법을 권하여 배우게 할 것이니

어떤 것이 열 가지가 되는가.

말하자면 중생이 끝이 없음을 알며

중생이 한량이 없음을 알며

중생이 수가 없음을 알며

중생이 불가사의함을 알며

중생의 한량없는 색류를 알며

중생이 가히 헤아릴 수 없음을 알며

중생이 공함을 알며

중생이 작위할 바가 없음을 알며

중생이 있는 바가 없음을 알며

중생이 자성이 없음을 아는 것입니다.

무슨 까닭인가 하면 그 마음으로 하여금 전전히 다시 더 수승하여 물들거나 집착할 바가 없게 하며, 들을 바 법문이 있다면 곧 스스로 열어 알고 다른 사람의 가르침을 인유하지 않게 하고자 하는 까닭입니다.

불자여, 어떤 것이 보살의 정심주가 되는가.

이 보살이 열 가지 법을 듣고도 마음이 결정되어 움직이지 않는 것이니

어떤 것이 열 가지가 되는가.

말하자면 부처님을 찬탄하거나 부처님을 훼방함을 듣고도 불법 가운데 마음이 결정되어 움직이지 아니하며

법을 찬탄하거나 법을 훼방함을 듣고도 불법 가운데 마음이 결정되어 움직이지 아니하며

보살을 찬탄하거나 보살을 훼방함을 듣고도 불법 가운데 마음이 결정되어 움직이지 아니하며

보살을 찬탄하거나 보살의 행한 바 법을 듣고도 불법 가운데 마음이 결정되어 움직이지 아니하며

중생이 한량이 있다거나 한량이 없다고 설함을 듣고도 불법 가운데 마음이 결정되어 움직이지 아니하며

중생이 번뇌가 있다거나 번뇌가 없다고 설함을

듣고도 불법 가운데 마음이 결정되어 움직이지 아니하며

중생이 제도하기 쉽다거나 제도하기 어렵다고 설함을 듣고도 불법 가운데 마음이 결정되어 움직이지 아니하며

법계가 한량이 있다거나 한량이 없다고 설함을 듣고도 불법 가운데 마음이 결정되어 움직이지 아니하며

법계가 이루어짐이 있다거나 무너짐이 있다고 설함을 듣고도 불법 가운데 마음이 결정되어 움직이지 아니하며

법계가 혹 있다거나 혹 없다고 설함을 듣고도 불법 가운데 마음이 결정되어 움직이지 않는 것이니,

이것이 열 가지가 되는 것입니다.

불자여, 이 보살이 응당 열 가지 법을 권하여 배우게 할 것이니

어떤 것이 열 가지가 되는가.

말하자면 일체법이 모습이 없는 것과

일체법이 자체가 없는 것과

일체법이 가히 닦을 것이 없는 것과

일체법이 있는 바가 없는 것과

일체법이 진실함이 없는 것과

일체법이 공한 것과

일체법이 자성이 없는 것과

일체법이 환상과 같은 것과

일체법이 꿈과 같은 것과

일체법이 분별이 없는 것입니다.

무슨 까닭인가 하면 그 마음으로 하여금 전전히 다시 더 나아가 물러나지 않는 무생법인을 얻게

하며,

들을 바 법문이 있다면 곧 스스로 열어 알고 다른 사람의 가르침을 인유하지 않게 하고자 하는 까닭입니다.

불자여, 어떤 것이 보살의 불퇴주가 되는가.

이 보살이 열 가지 법을 듣고도 견고하여 물러나지 않나니

어떤 것이 열 가지가 되는가.

말하자면 부처님이 있다거나 부처님이 없다고 함을 듣고도 불법 가운데 마음이 물러나지 아니하며

법이 있다거나 법이 없다고 함을 듣고도 불법 가운데 마음이 물러나지 아니하며

보살이 있다거나 보살이 없다고 함을 듣고도 불법 가운데 마음이 물러나지 아니하며

보살행이 있다거나 보살행이 없다고 함을 듣고도

불법 가운데 마음이 물러나지 아니하며

보살이 수행하여 벗어날 수 있다거나 수행하여 벗어날 수 없다고 함을 듣고도 불법 가운데 마음이 물러나지 아니하며

과거에 부처님이 있었다거나 과거에 부처님이 없었다고 함을 듣고도 불법 가운데 마음이 물러나지 아니하며

미래에 부처님이 있을 것이라거나 미래에 부처님이 없을 것이라고 함을 듣고도 불법 가운데 마음이 물러나지 아니하며

현재에 부처님이 있다거나 현재에 부처님이 없다고 함을 듣고도 불법 가운데 마음이 물러나지 아니하며

부처님의 지혜가 다함이 있다거나 부처님의 지혜가 다함이 없다고 함을 듣고도 불법 가운데 마음이 물러나지 아니하며

삼세가 한 모습이라거나 삼세가 한 모습이 아니라고 함을 듣고도 불법 가운데 마음이 물러나지 않는 것이니,

이것이 열 가지가 되는 것입니다.

불자여, 이 보살이 응당 열 가지 광대한 법을 권하여 배우게 할 것이니

어떤 것이 열 가지가 되는가.

말하자면 하나가 곧 많다고 말하는 것과

많은 것이 곧 하나라고 말하는 것과

글이 뜻을 따르는 것과

뜻이 글을 따르는 것과

있지 않는 것이 곧 있는 것과

있는 것이 곧 있지 않는 것과

모습이 없는 것이 곧 모습인 것과

모습이 곧 모습이 없는 것과

자성이 없는 것이 곧 자성인 것과
자성이 곧 자성이 없는 것입니다.

무슨 까닭인가 하면 하여금 더욱 나아가 일체법에
잘 능히 벗어나게 하며,
들을 바 법문이 있다면 곧 스스로 열어 알고 다른
사람의 가르침을 인유하지 않게 하고자 하는 까닭입
니다.

불자여, 어떤 것이 보살의 동진주가 되는가.
이 보살이 열 가지 업에 머무나니
어떤 것이 열 가지가 되는가.
말하자면 몸의 행동이 허물이 없는 것과
말의 행동이 허물이 없는 것과
마음의 행동이 허물이 없는 것과
마음을 따라 생을 받는 것과

중생의 가지가지 낙욕을 아는 것과

중생의 가지가지 지해(解)를 아는 것과

중생의 가지가지 세계를 아는 것과

중생의 가지가지 업을 아는 것과

세계가 이루어지고 무너짐을 아는 것과

신족이 자재하여 행하는 바가 걸림이 없는 것이니,

이것이 열 가지가 되는 것입니다.

불자여, 이 보살이 응당 열 가지 법을 권하여 배우게 할 것이니

어떤 것이 열 가지가 되는가.

말하자면 일체 부처님의 국토를 아는 것과

일체 부처님의 국토를 움직이는 것과

일체 부처님의 국토를 가지는 것과

일체 부처님의 국토를 관찰하는 것과

일체 부처님의 국토에 나아가는 것과

수없는 세계에 유행하는 것과

수없는 불법을 받는 것과

변화가 자재한 몸을 나타내는 것과

광대하고 두루 가득한 소리를 내는 것과

한 찰나 가운데 수없는 모든 부처님을 받들어
섬기고 공양하는 것입니다.

무슨 까닭인가 하면 하여금 더욱 나아가 일체법에
능히 선교를 얻게 하며,

들을 바 법문이 있다면 곧 스스로 열어 알고 다른
사람의 가르침을 인유하지 않게 하고자 하는 까닭입
니다.

불자여, 어떤 것이 보살의 법왕자주가 되는가.

이 보살이 열 가지 법을 잘 아나니

어떤 것이 열 가지가 되는가.

말하자면 모든 중생이 생을 받는 것을 잘 아는 것과

모든 번뇌가 현재 일어남을 잘 아는 것과

습기가 상속함을 잘 아는 것과

행할 바 방편을 잘 아는 것과

무량한 법을 잘 아는 것과

모든 위의를 잘 아는 것과

세계의 차별을 잘 아는 것과

전제와 후제의 일을 잘 아는 것과

세제世諦를 연설함을 잘 아는 것과

제일의제를 연설함을 잘 아는 것이니,

이것이 열 가지가 되는 것입니다.

불자여, 이 보살이 응당 열 가지 법을 권하여 배우게 할 것이니

어떤 것이 열 가지가 되는가.

말하자면 법왕의 처소에 선교와

법왕의 처소에 궤도와

법왕의 처소에 궁전과

법왕의 처소에 취입하는 것과

법왕의 처소에 관찰하는 것과

법왕이 관정하는 것과

법왕이 힘으로 가지는 것과

법왕이 두려움이 없는 것과

법왕이 편히 잠자는 것과

법왕이 찬탄하는 것입니다.

무슨 까닭인가 하면 하여금 더욱 나아가 마음에
장애가 없게 하며

들을 바 법문이 있다면 곧 스스로 열어 알고 다른
사람의 가르침을 인유하지 않게 하고자 하는 까닭입

니다.

불자여, 어떤 것이 보살의 관정주가 되는가.
이 보살이 열 가지 지혜를 성취함을 얻나니
무슨 까닭인가.
말하자면 수없는 세계를 진동하는 것과
수없는 세계를 비추는 것과
수없는 세계에 머물러 가지는 것과
수없는 세계에 나아가는 것과
수없는 세계를 장엄하여 깨끗이 하는 것과
수없는 중생에게 열어 보이는 것과
수없는 중생을 관찰하는 것과
수없는 중생의 근기를 아는 것과
수없는 중생으로 하여금 취입케 하는 것과
수없는 중생으로 하여금 조복케 하는 것이니,
이것이 열 가지가 되는 것입니다.

불자여, 이 보살의 몸과

그리고 몸의 업과

신통과

변화하여 나타내는 것과

과거의 지혜와

미래의 지혜와

현재의 지혜와

부처님의 국토를 성취하는 것과

마음의 경계와

지혜의 경계를 다 가히 알지 못하며

내지 법왕자보살도 또한 능히 알지 못하는 것입

니다.

불자여, 이 보살이 응당 모든 부처님의 열 가지

지혜를 권하여 배우게 할 것이니

어떤 것이 열 가지가 되는가.

말하자면 삼세의 지혜와

불법의 지혜와

법계에 걸림이 없는 지혜와

법계에 끝없는 지혜와

일체 세계에 충만한 지혜와

일체 세계를 널리 비추는 지혜와

일체 세계에 머물러 가지는 지혜와

일체중생을 아는 지혜와

일체법을 아는 지혜와

끝없는 모든 부처님을 아는 지혜입니다.

무슨 까닭인가 하면 하여금 더욱 일체종지를 장양
케 하며

들을 바 법문이 있다면 곧 스스로 열어 알고 다른
사람의 가르침을 인유하지 않게 하고자 하는 까닭입
니다.

그때에 부처님의 위신력인 까닭으로 시방에 각각 일만 부처님의 국토에 작은 티끌 수만치 많은 세계가 여섯 가지로 진동하였으니,

말하자면 움직이는 것과 두루 움직이는 것과 똑같이 두루 움직이는 것이며,

일어나는 것과 두루 일어나는 것과 똑같이 두루 일어나는 것이며,

솟는 것과 두루 솟는 것과 똑같이 두루 솟는 것이며,

진동하는 것과 두루 진동하는 것과 똑같이 두루 진동하는 것이며,

으르렁거리는 것과 두루 으르렁거리는 것과 똑같이 두루 으르렁거리는 것이며,

치는 것과 두루 치는 것과 똑같이 두루치는 것이었습니다.

그리고 하늘에 묘한 꽃과 하늘에 가루 향과 하늘에

꽃다발과 하늘에 여러 가지 향과 하늘에 보배 옷과 하늘에 보배 구름과 하늘에 장엄기구를 비 내리며,

하늘에 모든 음악이 북을 치지 않아도 스스로 울리며,

하늘에 광명과 그리고 묘한 음성을 놓았습니다.

이와 같이 이 사천하 수미산 정상의 제석전 위에서 십주법을 설할 때에 모든 신통 변화를 나타내는 것과 같아서, 시방에 있는 바 일체 세계에서도 다 또한 이와 같이 하였습니다.

또 부처님의 위신력인 까닭으로 시방에 각각 일만 부처님의 국토에 작은 티끌 수만치 많은 세계를 지나 열 부처님의 세계에 작은 티끌 수만치 많은 보살이 있어서 이곳에 와 이르러 시방에 충만하여

이와 같은 말을 하기를 착하고 착합니다. 불자여, 이 법을 잘도 설합니다.

우리 등 모든 사람들도 다 같이 이름이 법혜이며,

좇아온 바 국토도 다 같이 이름이 법운이며,

저 국토에 여래도 다 같이 이름이 묘법입니다.

우리 등이 있는 부처님의 처소에서도 또한 십주법을 설하나니

모인 대중의 권속과 문구와 의리도 다 또한 이와 같아서 증감이 없습니다.

불자여, 우리 등이 부처님의 위신력을 받아 와서 이 법회에 들어가 그대들을 위하여 증명하나니

이 법회와 같아서 시방에 있는 바 일체 세계에서도 다 또한 이와 같이 하였습니다.

그때에 법혜보살이 부처님의 위신력을 받아 시방과 및 법계를 관찰하고 게송을 설하여 말하기를

가장 수승한 지혜에 미묘한 색신이

삼십이상과 팔십종호의 단정하고 장엄함을 다 구족

하여

이와 같이 존중한 매우 만나기 어려운 이를 보고

보살이 용맹스레 처음 발심하였습니다.

같이 비교할 수 없는 대신통을 보며

기심과 그리고 교계와

모든 갈래 중생의 한량없는 고통 설함을 듣고

보살이 이것으로써 처음 발심하였습니다.

모든 여래 넓고 수승한 세존이

일체 공덕을 다 성취하신 것이

비유하자면 허공과 같아 분별할 수 없다고 함을 듣고

보살이 이것으로써 처음 발심하였습니다.

삼세에 인과가 이름이 옳은 곳이 되고
우리 등의 자성이 그른 곳이 되나니
그 진실한 뜻을 다 알고자 하여
보살이 이것으로써 처음 발심하였습니다.

과거와 미래와 현재 세상에
있는 바 일체 선악의 업이
끝이 없음을 다 알고자 하여
보살이 이것으로써 처음 발심하였습니다.

모든 선정과 해탈과 그리고 삼매와
섞이어 더럽고 청정함의 한량없는 종류에
들어가고 머물고 나옴을 다 알고자 하여
보살이 이것으로써 처음 발심하였습니다.

모든 중생의 근기가 영리하고 둔함을 따라

이와 같이 가지가지 정진하는 힘을
다 요달하고 분별하여 알고자 하여
보살이 이것으로써 처음 발심하였습니다.

일체중생의 가지가지 지해(解)와
마음에 좋아하여 즐기는 바가 각각 차별한
이와 같은 한량없는 것을 다 알고자 하여
보살이 이것으로써 처음 발심하였습니다.

중생의 세계가 각각 차별하고
일체 세간이 한량이 없나니
그 체성을 다 알고자 하여
보살이 이것으로써 처음 발심하였습니다.

일체 유위의 모든 행도行道가
낱낱이 다 이를 바 처소가 있나니

그 실성을 다 알고자 하여
보살이 이것으로써 처음 발심하였습니다.

일체 세계에 모든 중생이
업을 따라 표류하여 잠시도 쉬지 아니함을
천안을 얻어 다 밝게 보고자 하여
보살이 이것으로써 처음 발심하였습니다.

과거 세상 가운데 일찍이 있는 바
이와 같은 체성과 이와 같은 모습에
그 숙주宿住를 다 알고자 하여
보살이 이것으로써 처음 발심하였습니다.

일체중생의 모든 번뇌(結惑)의
상속과 현기現起와 그리고 습기가
구경에 다함을 다 알고자 하여

보살이 이것으로써 처음 발심하였습니다.

모든 중생이 안립한 바를 따라
가지가지 담론과 언어의 길을
그 세제世諦와 같이 다 알고자 하여
보살이 이것으로써 처음 발심하였습니다.

일체 모든 법이 언설을 떠나
자성이 공하고 적멸하여 지을 바가 없나니
이 진실한 뜻을 다 밝게 요달하고자 하여
보살이 이것으로써 처음 발심하였습니다.

시방의 국토를 다 진동하고
일체 모든 큰 바다를 뒤엎었나니
그 모든 부처님의 큰 신통을 구족하고자 하여
보살이 이것으로써 처음 발심하였습니다.

한 털구멍에 광명을 놓아
널리 시방의 한량없는 국토를 비추지만
낱낱 광명 가운데 일체를 깨닫고자 하여
보살이 이것으로써 처음 발심하였습니다.

사의하기 어려운 모든 부처님의 국토를
다 손바닥 가운데 두어 움직이지 않게 하지만
일체가 환화와 같은 줄 알고자 하여
보살이 이것으로써 처음 발심하였습니다.

한량없는 국토에 중생을
한 털끝에 두어 핍박하거나 비좁지 않게 하지만
사람도 없고 나도 없는 줄 다 알고자 하여
보살이 이것으로써 처음 발심하였습니다.

한 털끝으로 바닷물을 떨어내어

일체 큰 바다를 다 하여금 마르게 하지만
그 수를 다 분별하여 알고자 하여
보살이 이것으로써 처음 발심하였습니다.

가히 사의할 수 없는 모든 국토를
다 가루로 내어 티끌을 삼아 남김없이 하지만
그 수를 다 분별하여 알고자 하여
보살이 이것으로써 처음 발심하였습니다.

과거와 미래의 한량없는 세월에
일체 세간이 이루어지고 무너지는 모습을
그 경계를 다 요달하여 궁구하고자 하여
보살이 이것으로써 처음 발심하였습니다.

삼세에 있는 바 모든 여래와
일체 독각과 그리고 성문의 법을

그 법이 다하여 남음이 없음을 알고자 하여
보살이 이것으로써 처음 발심하였습니다.

한량도 없고 끝도 없는 모든 세계를
한 털끝으로 칭량하여 거론하지만
그 체상과 같이 다 알고자 하여
보살이 이것으로써 처음 발심하였습니다.

한량도 없고 수도 없는 윤위산을
하여금 다 털구멍 가운데 들어가게 하지만
그와 같이 크고 작은 것을 다 앎을 얻고자 하여
보살이 이것으로써 처음 발심하였습니다.

고요한 한 가지 묘한 음성으로써
널리 시방에 응하여 그 중생의 유형을 따라 연설하
지만

이와 같음을 다 하여금 맑고 밝게 알게 하고자 하여
보살이 이것으로써 처음 발심하였습니다.

일체중생의 언어의 법을
한 말씀으로 연설하여 다하지 아니함이 없지만
그 자성을 다 알고자 하여
보살이 이것으로써 처음 발심하였습니다.

세간에 말소리를 짓지 아니함이 없어서
다 그로 하여금 적멸을 알아 증득하게 하지만
이와 같이 말하는 묘한 설근舌根을 얻고자 하여
보살이 이것으로써 처음 발심하였습니다.

시방의 모든 세계에
이루어지고 무너지는 모습이 있는 것으로 하여금
다 봄을 얻게 하지만

그것이 분별로 좇아 생기하는 줄 다 알고자 하여
보살이 이것으로써 처음 발심하였습니다.

일체 시방의 모든 세계에
한량없는 여래가 다 충만하지만
저 부처님의 법을 다 알고자 하여
보살이 이것으로써 처음 발심하였습니다.

가지가지로 변화하는 한량없는 몸이
일체 세계에 작은 티끌수와 같지만
마음으로 좇아 일어나는 줄 다 요달하고자 하여
보살이 이것으로써 처음 발심하였습니다.

과거와 미래와 현재의 세계에
한량도 없고 수도 없는 모든 여래를
한 생각에 다 알고자 하여

보살이 이것으로써 처음 발심하였습니다.

한 구절의 법문을 갖추어 연설하기를
아승지 세월토록 다함이 없이 하지만
그 문구와 의리로 하여금 각각 같지 않게 하고자
하여
보살이 이것으로써 처음 발심하였습니다.

시방에 일체 모든 중생들
그들이 유전함을 따라 생멸하는 모습을
한 생각에 다 분명하게 요달하고자 하여
보살이 이것으로써 처음 발심하였습니다.

신업과 어업과 그리고 의업으로써
널리 시방에 나아가 걸리는 바가 없지만
삼세가 다 공적한 줄 알고자 하여

보살이 이것으로써 처음 발심하였습니다.

보살이 이와 같이 발심한 이후에
응당 하여금 시방의 국토에 나아가
모든 여래에게 공경하고 공양케 하였기에
이것으로써 그로 하여금 물러남이 없게 합니다.

보살이 용맹스레 불도를 구하여
생사에 머물지만 피곤해 하거나 싫어함이 없고
저를 위하여 칭탄하여 하여금 따라 수행케 하였기에
이와 같이 그로 하여금 물러남이 없게 합니다.

시방세계의 한량없는 국토에
다 그 가운데 있으면서 존주尊主가 되어
모든 보살을 위하여 이와 같이 설하였기에
이것으로써 그로 하여금 물러남이 없게 합니다.

가장 존귀하고 가장 높고 가장 제일인

깊고도 미묘한 청정한 법을

모든 보살에게 권하고 사람에게 설하여 주었기에

이와 같이 가르쳐 하여금 번뇌를 떠나게 합니다.

일체 세간에 같을 수 없고

가히 움직이거나 꺾어 굴복시킬 수 없는 곳을

저 보살을 위하여 항상 칭찬하였기에

이와 같이 가르쳐 하여금 물러남이 없게 합니다.

부처님은 세간에 큰 힘의 주인이니

일체 모든 공덕을 구족하사

모든 보살로 하여금 이 가운데 머물게 하였기에

이것으로써 가르쳐 수승한 장부가 되게 합니다.

한량도 없고 끝도 없는 모든 부처님의 처소에

다 나아가 친근함을 얻어

항상 모든 부처님의 섭수하는 바가 되었기에

이와 같이 가르쳐 하여금 물러남이 없게 합니다.

소유한 적정의 모든 삼매를

다 연창하여 남김없이 하여

저 보살을 위하여 이와 같이 설하였기에

이것으로써 그로 하여금 물러남이 없게 합니다.

삼유의 생사윤회를 꺾어 없애고

청정한 미묘 법륜을 전하여

일체 세간에 집착하는 바가 없었기에

모든 보살을 위하여 이와 같이 설합니다.

일체중생이 악도에 떨어져

한량없는 무거운 고통으로 얽혀 핍박을 받는 곳에

그로 더불어 구호하여 귀의할 곳을 지었기에

모든 보살을 위하여 이와 같이 설합니다.

이것이 이 보살의 발심주이니

한결같이 마음으로 무상도를 구할 것입니다.

내가 설한 바 가르치는 법과 같아서

일체 모든 부처님도 또한 이와 같이 설하십니다.

제 두 번째 치지주 보살은

응당 이와 같은 마음을 일으키되

시방에 일체 모든 중생을

원컨대 하여금 다 여래의 가르침에 수순케 할 것이니

이익케 하는 마음과 대비의 마음과 안락케 하는 마음과

안주케 하는 마음과 어여삐 여기는 마음과 섭수하는

마음과

중생을 수호하는 마음과 자기와 같은 마음과

스승과 같은 마음과 그리고 인도하는 스승과 같은

마음입니다.

이미 이와 같이 수승하고 묘한 마음에 머물렀다면

다음에는 하여금 외우고 익히고 많이 듣기를 구하며

항상 고요히 바로 사유하기를 좋아하고

일체 선지식을 친근케 해야 할 것입니다.

말하는 것이 화평하고 기뻐 거칠고 모짊을 떠나고

말을 함에 반드시 때를 알아 두려워하는 바가 없으며

뜻을 요달하여 여법하게 수행하고

어리석고 미혹함을 멀리 떠나 마음이 움직이지 않아

야 합니다.

이것이 이 처음 깨달음을 배우는 행이니

능히 이 행을 행하는 것이 진실한 불자입니다.

내가 지금 저들이 응당 행할 바를 설하리니

이와 같음을 불자는 응당 부지런히 배울 것입니다.

제 세 번째 보살의 수행주는

마땅히 부처님의 가르침을 의지하여 부지런히

모든 법이 무상한 것과 괴로운 것과 그리고 공한

것과

나도 남도 없는 것과 동작도 없는 것과

일체 모든 법이 가히 즐겁지 않는 것과

이름과 같지 않는 것과 처소가 없는 것과

분별할 바가 없는 것과 진실이 없는 것을 관찰할

것이니

이와 같이 관찰하는 사람은 이름이 보살입니다.

다음에는 하여금 중생의 세계를 관찰케 하고

그리고 법계를 권하여 관찰케 하며

세계가 차별한 것을 다 남김없이 하여

저들에게 다 응당 부지런히 관찰케 합니다.

시방세계와 그리고 허공 세계에

있는 바 지수와 더불어 화풍과

욕계와 색계와 무색계를

다 관찰하기를 권하여 다 하여금 다하게 합니다.

저 세계가 각각 차별한 것과

그리고 그 체성이 다 구경인 것을 관찰하고

이와 같이 가르침을 얻어 부지런히 수행한다면

이것이 곧 이름이 진실한 불자가 되는 것입니다.

제 네 번째 생귀주 보살은

모든 성인의 가르침을 좇아 출생하였기에
삼유가 있는 바가 없는 줄 요달하여
저 법을 뛰어넘어 법계에 태어날 것입니다.

부처님은 견고하여 가히 무너뜨릴 수 없음을 믿고
법의 적멸함을 관찰하여 마음이 편안히 머물며
모든 중생을 따라
체성이 허망하여 진실함이 없는 줄 다 압니다.

세간의 국토와 업과 그리고 과보와
생사와 열반이 다 이와 같나니
불자가 저 법에 이와 같이 관찰하여
부처님으로 좇아 친히 태어나는 것이 이름이 불자입
니다.

과거와 미래와 현재의 세상에

그 가운데 있는 바 모든 불법을

요달하여 알고 쌓아 익히고 그리고 원만케 하여

이와 같이 수학하기를 하여금 구경究竟까지 하게 할

것입니다.

삼세에 일체 모든 여래를

능히 따라 관찰함에 다 평등하여

가지가지 차별을 가히 얻을 수 없나니

이와 같이 관찰하는 사람은 삼세를 통달할 것입니다.

나와 같이 칭양하고 찬탄하는 사람은

이것이 이 사주四住의 모든 공덕이니

만약 능히 법을 의지하여 부지런히 수행한다면

속히 더 이상 없는 부처님의 깨달음을 성취할 것입

니다.

이로 좇아 제오주의 모든 보살은

이름을 구족방편주라 설하나니

한량없는 선교방편에 깊이 들어가

마음을 일으켜 공덕의 업을 구경까지 합니다.

보살이 닦은 바 수많은 복덕이

다 모든 군생을 구호하기 위한 것이니

오롯한 마음으로 이익케 하고 안락을 주어

한결같이 어여삐 여겨 하여금 도탈케 합니다.

일체 세간을 위하여 수많은 고난을 제멸하고

삼유에서 끌어내어 하여금 환희케 하며

낱낱이 조복하여 남은 바가 없이 하여

다 하여금 공덕을 갖추어 열반으로 향하게 합니다.

일체중생이 끝이 없는 것과

한량이 없는 것과 수가 없는 것과 사의할 수 없는
것과
그리고 가히 칭양할 수 없는 것 등으로
여래의 이와 같은 법을 듣고 수지합니다.

이것이 제오주의 진실한 불자가
방편을 성취하여 중생을 제도하는 것이니
일체 공덕이신 큰 지혜 세존이
이와 같은 법으로써 열어 보이신 것입니다.

제 여섯 번째 정심원만주는
법의 자성에 미혹함이 없어서
바른 생각으로 사유하여 분별을 떠났기에
일체 인천이 능히 움직일 수 없습니다.

부처님과 더불어 부처님의 법과

보살과 그리고 수행할 바 행과

중생이 한량이 있고 혹 한량이 없는 것과

때가 있고 때가 없는 것과 제도하기 어렵고 쉬운

것과

법계가 크고 작은 것과 그리고 이루어지고 무너지는

것과

혹 있고 혹 없는 것을 찬탄하거나 헐뜯는 것을 들을지

라도 마음이 움직이지 아니하여

과거와 미래와 지금 현재에

자세히 생각하고 사유하여 항상 결정합니다.

일체 모든 법이 다 모습이 없으며

자체가 없고 자성이 없고 공이고 실상이 없으며

환상과 같고 꿈과 같고 분별을 떠났나니

항상 이와 같은 뜻을 듣기를 좋아합니다.

일곱 번째 불퇴전 보살은

부처님과 그리고 법과 보살행이

혹 있고 혹 없는 것과 벗어나고 벗어나지 못하는 등

비록 이런 말을 들을지라도 물러나거나 움직이지

않나니

이것은 과거와 미래와 현재의 세상에

일체 모든 부처님이 있는 것과 더불어 없는 것과

모든 부처님의 지혜가 다함이 있는 것과 혹 다함이

없는 것과

삼세에 한 가지 모습과 가지가지 모습입니다.

하나가 곧 많은 것이고 많은 것이 곧 하나인 것과

글이 뜻을 따르고 뜻이 글을 따르는

이와 같은 일체가 전전히 이루어지는 것을

이 불퇴주의 사람이 응당 설할 것입니다.

혹 법에 모습이 있는 것과 그리고 모습이 없는 것과

혹 법에 자성이 있는 것과 그리고 자성이 없는 것과

가지가지 차별이 서로 상속하는 것을

이 사람이 들은 이후에 구경을 얻었습니다.

제 여덟 번째 보살의 동진주는

몸과 말과 뜻의 행을 다 구족하며

일체가 청정하여 모든 허물이 없으며

뜻을 따라 생을 받음에 자재를 얻습니다.

모든 중생이 마음에 좋아하는 바와

가지가지 뜻에 아는 것이 각각 차별함과

그리고 그 있는 바 일체법과

시방의 국토가 이루어지고 무너지는 모습을 압니다.

빠르고 묘한 신통을 얻음에 미쳐

일체 처소 가운데 생각을 따라 가며
모든 부처님의 처소에서 법문을 듣고
수행을 찬탄하되 게으름이 없습니다.

일체 모든 부처님의 국토를 알고
진동하고 가피하여 가지고 또한 관찰하며
가히 헤아릴 수 없는 부처님의 국토를 초과하고
끝도 수도 없는 세계에 유행합니다.

아승지 법문을 다 묻고
욕망하는 바대로 몸을 받는 것이 다 자재하며
언음의 선교가 충만하지 아니함이 없고
수 없는 모든 부처님을 다 받들어 섬깁니다.

제 아홉 번째 보살의 법왕자주는
능히 중생이 생을 받는 차별을 보며

번뇌의 현행과 습기를 알지 못함이 없으며
행할 바 방편을 다 잘 압니다.

모든 법이 각각 다른 것과 위의가 다른 것과
세계가 같지 않는 것과 전제와 후제와
그 세속제와 제일의제와 같은 것을
다 남김없이 잘 압니다.

법왕이 선교로 안립한 곳과
그 처소를 따라 있는 바 법과
법왕의 궁전과 취입과
그리고 그 가운데 관찰하여 보는 바와

법왕에게 있는 바 관정하는 법과
신력으로 가피하여 가지는 것과 겁도 두려움도 없는
것과

정궁과 측실에서 편안히 하고 잠자는 것과 그리고
찬탄하고 기리는 것의
이것으로써 법왕자를 가르칩니다.

이와 같이 설하기를 다하지 아니함이 없이 하지만
그 마음으로 하여금 집착하는 바가 없게 하나니
이것을 알아 정념을 수행한다면
일체 모든 부처님이 그 앞에 나타날 것입니다.

제 열 번째 관정주의 진실한 불자는
최상의 제일법을 성만하여
시방에 수없는 모든 세계를
다 능히 진동하고 광명으로 널리 비춥니다.

수없는 세계에 머물러 가지고 나아가는 것을 또한
남김없이 하고

깨끗하게 장엄하는 것을 다 구족하며
수없는 중생에게 열어 보이고
관찰하고 근기를 아는 것을 다 능히 다합니다.

발심하여 조복케 하는 것도 또한 끝이 없고
다 하여금 보리에 취향하게 하며
일체 법계를 다 관찰하여
시방의 국토에 다 나아갑니다.

그 가운데 몸과 그리고 몸의 소작과
신통과 변화하여 나타내는 것을 가히 측량할 수 없는
것과
삼세와 부처님의 국토와 모든 경계를
내지 법왕자라도 능히 알 수 없습니다.

일체를 보는 사람의 삼세의 지혜와

모든 불법을 밝게 아는 지혜와

법계에 걸림이 없는 지혜와 끝없는 지혜와

일체 세계에 충만한 지혜와

세계를 비추는 지혜와 세계에 머물러 가지는 지혜와

중생을 아는 지혜와 모든 법을 아는 지혜와

그리고 정각이 끝이 없음을 아는 지혜를

여래가 설하여 다 하여금 다하게 하였습니다.

이와 같은 십주의 모든 보살이

다 여래의 법을 좇아 화생하였기에

그가 소유한 공덕의 행을 따라

일체 하늘과 사람이 능히 측량할 수 없습니다.

과거와 미래와 현재의 세상에

발심하여 부처님을 구한 것이 끝이 없으며

사방의 국토에도 다 충만하나니
마땅히 일체 지혜를 이루지 못할 것이 없습니다.

일체 국토가 끝이 없고
세계와 중생도 법이 또한 그러하며
번뇌와 업과 마음에 좋아하는 것이 각각 차별하나니
저를 의지하여 깨달음의 뜻을 일으켰습니다.

처음 불도를 구하는 한생각의 마음도
세간의 중생과 그리고 이승의
이런 등이 오히려 또한 능히 알지 못하거든
어찌 하물며 나머지 행한 바 공덕의 행이겠습니까.

시방에 있는 바 모든 세계를
능히 한 털끝으로 다 칭량하여 거론한다면
저 사람은 능히 이 불자가

여래의 지혜에 취향하는 행을 알 것입니다.

시방에 있는 바 모든 큰 바다를

다 털끝으로 떨어내어 하여금 다하게 한다면

저 사람은 능히 이 불자가

한 생각에 수행한 바 공덕의 행을 알 것입니다.

일체 세계를 가루로 만들어 티끌을 삼고

다 능히 그 수를 분별하여 안다면

이와 같은 사람은 이에 능히

이 보살이 행한 바 도를 볼 것입니다.

과거와 미래와 현재의 시방에 부처님과

일체 독각과 그리고 성문이

다 가지가지 묘한 변재로써

처음 보리심 일으킨 것을 열어 보인다 할지라도

처음 발심한 공덕은 가히 헤아릴 수 없으며

일체중생의 세계에도 충만하나니

수많은 지혜로 함께 설하여도 능히 다 설할 수 없거든

어찌 하물며 나머지 행한 바 모든 묘한 행이겠습니까.

범행품

그때에 정념천자가 법혜보살에게 여쭈어 말하기를 불자여, 일체 세계에 모든 보살 대중이 여래의 가르침을 의지하여 물들인 옷을 입고 출가하였다면 어떻게 하여야 범행이 청정함을 얻어 보살의 지위로 좇아 더 이상 없는 보리의 도에 이르겠습니까.

법혜보살이 말하기를 불자여, 보살마하살이 범행을 닦을 때에 응당 열 가지 법으로써 소연을 삼아 뜻을 지어 관찰해야 하나니,

말하자면 몸과 몸의 업과

말과 말의 업과

뜻과 뜻의 업과

부처님과 법과 스님과 계율입니다.

응당 이와 같이 관찰하기를 몸이 이 범행이 되는가 내지 계율이 이 범행이 되는가 할 것입니다.

만약 몸이 이 범행이라고 한다면 마땅히 알아야 합니다.

범행이 곧 선하지 않는 것이 되며

곧 법답지 않는 것이 되며

곧 혼탁한 것이 되며

곧 냄새가 악한 것이 되며

곧 깨끗하지 않은 것이 되며

곧 가히 싫어할 것이 되며

곧 어기는 것이 되며

곧 섞이어 더러운 것이 되며

곧 죽은 시체가 되며

곧 벌레의 무더기가 될 것입니다.

만약 몸의 업이 이 범행이라고 한다면 범행이

곧 가는 것이며 머무는 것이며

앉는 것이며 눕는 것이며

좌로 돌아보는 것이며 우로 돌아보는 것이며

허리를 굽히는 것이며 펴는 것이며

고개를 숙이는 것이며 우러러보는 것일 것입니다.

만약 말이 이 범행이라고 한다면 범행이 곧 음성이

며 바람 숨이며

가슴이며 혀며

목구멍이며 입술이며

뱉고 삼키는 것이며

잡고 놓는 것이며

높고 낮은 것이며

맑고 탁한 것일 것입니다.

만약 말의 업이 이 범행이라고 한다면 범행이

곧 기거를 묻는 것이며

　간략하게 말하는 것이며

　폭넓게 말하는 것이며

　비유로 말하는 것이며

　바로 말하는 것이며

　찬탄하여 말하는 것이며

　헐뜯어 말하는 것이며

　안립하여 말하는 것이며

　세속을 따라 말하는 것이며

　현요하게 말하는 것일 것입니다.

　만약 뜻이 이 범행이라고 한다면 범행이 곧 응당
깨닫는 것이며

　관찰하는 것이며

　분별하는 것이며

　가지가지 분별하는 것이며

기억하여 생각하는 것이며

가지가지 기억하여 생각하는 것이며

사유하는 것이며

가지가지 사유하는 것이며

환술이며

잠 꿈일 것입니다.

만약 뜻의 업이 이 범행이라고 한다면 마땅히
알아야 합니다.

범행이 곧 생각이며 감상이며

찬 것이며 더운 것이며

주린 것이며 목마른 것이며

괴로운 것이며 즐거운 것이며

근심이며 기쁨일 것입니다.

만약 부처님이 이 범행이라고 한다면 색온이 이

부처님이 됩니까,

　수온이 이 부처님이 됩니까,

　상온이 이 부처님이 됩니까,

　행온이 이 부처님이 됩니까,

　식온이 이 부처님이 됩니까,

　삼십이상이 이 부처님이 됩니까,

　팔십종호가 이 부처님이 됩니까,

　신통이 이 부처님이 됩니까,

　업행이 이 부처님이 됩니까,

　과보가 이 부처님이 됩니까.

　만약 법이 이 범행이라고 한다면 적멸이 이 법이
됩니까,

　열반이 이 법이 됩니까,

　나지 않는 것이 이 법이 됩니까,

　일어나지 않는 것이 이 법이 됩니까,

가히 말할 수 없는 것이 이 법이 됩니까,

분별이 없는 것이 이 법이 됩니까,

행할 바가 없는 것이 이 법이 됩니까,

화합하여 모이지 않는 것이 이 법이 됩니까,

수순하지 않는 것이 이 법이 됩니까,

얻을 바가 없는 것이 이 법이 됩니까.

만약 스님이 범행이라고 한다면 예류과에 향해
가는 이가 이 스님이 됩니까,

예류과를 얻은 이가 이 스님이 됩니까.

일래과에 향해 가는 이가 이 스님이 됩니까,

일래과를 얻은 이가 이 스님이 됩니까.

불환과에 향해 가는 이가 이 스님이 됩니까,

불환과를 얻은 이가 이 스님이 됩니까.

아라한과에 향해 가는 이가 이 스님이 됩니까,

아라한과를 얻은 이가 이 스님이 됩니까.

삼명을 얻은 이가 이 스님이 됩니까,

육통을 얻은 이가 이 스님이 됩니까.

만약 계율이 이 범행梵行이라고 한다면 계단의

장소가 이 계율이 됩니까,

청정함을 묻는 것이 계율이 됩니까,

위의를 가르치는 것이 이 계율이 됩니까,

세 번 갈마를 설하는 것이 이 계율이 됩니까,

화상이 이 계율이 됩니까,

아사리가 이 계율이 됩니까,

삭발한 것이 이 계율이 됩니까,

가사 옷을 입은 것이 이 계율이 됩니까,

걸식을 하는 것이 이 계율이 됩니까,

바르게 생활하는 것이 이 계율이 됩니까.

이와 같이 관찰하여 마침에 몸에 취착하는 바가

없으며

수행에 집착하는 바가 없으며

법에 머무는 바가 없으며

과거는 이미 사라졌으며

미래는 이르지 않았으며

현재는 공적하며

업을 짓는 사람도 없으며

과보를 받는 사람도 없으며

이 세상이 이동한 적도 없으며

저 세상이 바뀌어 변한 적도 없거니

이 가운데 어떤 법이 이름이 범행이 됩니까.

범행이 어느 곳으로 좇아옵니까.

누구의 소유입니까.

자체가 무엇이 됩니까.

누구를 인유하여 조작합니까.

이것이 있는 것이 됩니까, 이것이 없는 것이 됩

니까.

이것이 색色이 됩니까, 색이 아닌 것이 됩니까.

이것이 수受가 됩니까, 수가 아닌 것이 됩니까.

이것이 상想이 됩니까, 상이 아닌 것이 됩니까.

이것이 행行이 됩니까, 행이 아닌 것이 됩니까.

이것이 식識이 됩니까, 식이 아닌 것이 됩니까.

이와 같이 관찰하여 보면 범행의 법을 가히 얻을 수 없는 까닭이며

삼세의 법이 다 공적한 까닭이며

뜻에 취착이 없는 까닭이며

마음에 장애가 없는 까닭이며

행하는 바에 둘이 없는 까닭이며

방편이 자재한 까닭이며

모습이 없는 법을 인수하는 까닭이며

모습이 없는 법을 관찰하는 까닭이며

불법이 평등함을 아는 까닭이며

일체 불법을 구족하는 까닭이니,

이와 같음을 이름하여 청정한 범행이라 합니다.

다시 응당 열 가지 법을 닦아 익혀야 할 것이니

어떤 것이 열 가지가 되는가.

말하자면 옳은 곳과 옳지 못한 곳을 아는 지혜와

과거와 현재와 미래의 업보를 아는 지혜와

모든 선정과 해탈과 삼매를 아는 지혜와

모든 근기가 수승하고 하렬함을 아는 지혜와

가지가지 지해知解를 아는 지혜와

가지가지 세계를 아는 지혜와

일체 처소에 이르는 길을 아는 지혜와

천안을 걸림 없이 아는 지혜와

숙명을 걸림 없이 아는 지혜와

습기를 영원히 끊을 줄 아는 지혜입니다.

여래의 십력을 낱낱이 관찰하고 낱낱 힘 가운데 한량없는 뜻이 있는 것을 다 응당 물어야 할 것입니다.

들은 이후에는 응당 대자비심을 일으켜 중생을 관찰하여 버리지 않아야 할 것이며

모든 법을 사유하여 쉼이 없어야 할 것이며

위없는 업을 행하여 과보를 구하지 않아야 할 것이며

경계가 환상과 같고 꿈과 같으며 그림자와 같고 메아리와 같으며 또한 변화하는 것과 같은 줄 알아야 할 것이니

만약 모든 보살이 능히 이와 같은 관행으로 더불어 상응하여 모든 법 가운데 두 가지 지해를 내지 않는다면 일체 불법이 빨리 앞에 나타남을 얻어서 처음 발심할 때에 곧 아뇩다라삼먁삼보리를 얻을 것이며,

일체법이 곧 마음의 자성인 줄 안다면 지혜의

몸을 성취하는 것이 다른 사람의 깨달음을 인유하지
아니할 것입니다.

관허 수진寬虛 守眞

1971년 문성 스님을 은사로 출가, 1974년 수계, 해인사 강원과 금산사 화엄학림을 졸업하고, 운성, 운기 등 당대 강백 열 분에게 10년간 참문수학하였다.

1984년부터 수선안거 10년을 성만하고, 1993년부터 7년간 해인사 강원 강주로 학인들을 지도하였다.

대한불교조계종 교육위원, 역경위원, 교재편찬위원, 중앙종회의원, 범어사 율학승가대학원장 및 율주를 역임하였다.

현재 부산 승학산 해인정사에 주석하면서, 대한불교조계종 고시위원장, 단일계단 계단위원·3대아사리, 동명대학교 석좌교수, 동명대학교 세계선센터 선원장, 국민권익위원회 자문위원 등의 소임을 맡고 있다.

화엄경 독경본 4

초판 1쇄 인쇄 2024년 8월 7일 | **초판 1쇄 발행** 2024년 8월 14일
옮긴이 관허 수진 | **펴낸이** 김시열
펴낸곳 도서출판 운주사

(02832) 서울시 성북구 동소문로 67-1 성심빌딩 3층
전화 (02) 926-8361 | **팩스** 0505-115-8361
ISBN 978-89-5746-848-7 04220   값 17,000원
ISBN 978-89-5746-674-2 (세트)
http://cafe.daum.net/unjubooks 〈다음카페: 도서출판 운주사〉